大卫·鲍伊

DAVID BOWIE CHANGES
HIS LIFE IN PICTURES 1947-2016
CHRIS WELCH

[英] 克里斯·韦尔奇 著
董楠 译 南京大学出版社

目录

INTRODUCTION
DAVID BOWIE

前言

有人让"传声头"（Talking Heads）乐队的大卫·伯恩（David Byrne）总结一下大卫·鲍伊的本质，他用大堆华丽的辞藻，说鲍伊是"心理学家、祭司、性欲对象与噩运的先知"。被问到同样的问题时，真正的"火星蜘蛛"（Spider from Mars）成员伍迪·伍德曼塞（Woody Woodmansey）只答了两个字："天才。"

伯恩是在1996年的摇滚名人堂入主仪式上说的这番话，在那个时刻，音乐界的名流们纷纷来到纽约的名人堂，向鲍伊这位流行音乐史上的巨人致敬。而伍德曼塞则是在2012年英国的"鲍伊节"上对一小群忠诚粉丝致辞时这样说的。

"鲍伊节"活动在伦敦的ICA艺术馆举行，是为了庆祝影响深远的专辑《齐基·星尘与火星蜘蛛的崛起和陨落》（*The Rise and Fall of Ziggy Stardust and the Spiders From Mars*）。伯恩和伍迪从不同的角度强调了鲍伊非凡的音乐、电影、时尚与戏剧生涯带给他们乃至整个世界的重大影响。

伯恩本人也是一位非常重要的作曲家和表演者，他说鲍伊给摇滚乐带来了"一针强心剂"。70年代初，大卫携《出卖世界的男人》（*The Man Who Sold The World*）、《一切都好》（*Hunky Dory*）和《阿拉丁·塞恩》（*Aladdin Sane*）在美国横空出世，引发了种种困惑与愤怒，更引发了一场文化革命：

"第一次见到他时我非常震惊，然而那种感觉又是如此熟悉。这是不可避免的。这是很有必要的，这是不可或缺的。正如所有摇滚乐，它粗俗、它迷人、它变态、它有趣、它冷漠、它性感、它让人困惑。"

麦当娜颁发了这个奖项，玛丽安娜·费斯弗（Marianne Faithfull）演唱《反叛，反叛》（*Rebel Rebel*）向他致敬。但真正的明星，也就是鲍伊本人却没有出席，他维持着冷若冰霜的疏远态度，挑逗神秘之感。他本是个朴实、友善的伦敦男孩，如今身上却经常散发出这样的感觉。

鲍伊曾为获得认同奋斗了很久。当成功降临之时，他却依然感到不安，总是迫不及待地想要向前走。在职业与艺术领域，他的步伐难以预料，他的风格与形象永远千变万化。他的魅力始终不变，尽管作为艺术家，他有时也会在灵感与判断失误之间摇摆。伯恩巧妙地把鲍伊描绘为一个热衷探索"性爱政治"的艺术家，他成功地将文学与戏剧结合在一起，融入摇滚乐那令人陶醉的自由之中。

前页图｜2002年6月，大卫·鲍伊在加利福尼亚州洛杉矶为《娱乐周刊》（*Entertainment Weekly*）拍照。

右页图｜摄于1967年，年轻、英俊的鲍伊穿衣的品味亦是无懈可击，他面对即将成为文化偶像的命运。

这种奇异的意象、理念与音乐的组合令50多年来的"鲍伊打造"一直既充满魅力又富于争议，为他带来诸多敬意与荣誉。其中最重要的一项荣誉之一，就是他的音乐被选中在2012年伦敦奥林匹克运动会闭幕式上播放。在向英国流行乐历史上的贡献致敬环节，大卫的巨幅形象出现在体育场巨大的投影仪上，九首鲍伊歌曲的串烧通过扩音器高声播放，响彻在整个体育场，通过电视传遍全球。

成千上百万人听到了那些早就深入他们内心、成为歌迷集体记忆的歌曲：《太空异事》（*Space Oddity*）、《改变》（*Changes*）、《齐基·星尘》（*Ziggy Stardust*）、《简·吉尼》（*Jean Genie*）、《反叛，反叛》、《钻石狗》（*Diamond Dogs*）、《年轻的美国人》（*Young Americans*）、《跳舞吧》（*Let's Dance*）和《时尚》（*Fashion*）。英国奥运代表队每获得一块奖牌，场馆里也会播放鲍伊1977年的金曲《英雄》（*Hero*）。

鲍伊本人则再次缺席，更没有表演。但是这一次，他的借口却不是手头有太多紧急的任务，甚至也不是因为他对待主流世界著名的超然态度。他显然需要节省精力。他曾是"眼神狂野的男孩"，但如今他的健康已经受到损害，他已是一个65岁的老兵。

2004年，做过心脏手术之后，大卫停止了录音和巡演，2006年2月接受格莱美终身成就奖之后，更是花了一整年时间休息。但荣誉仍然持续不断地落在这位曾经是"汤姆少校"、"齐基·星尘"、"疯狂演员"（Cracked Actor）与"瘦白公爵"（The Thin White Duke）的艺术家头上。2012年9月，消息公布，一个关于他艺术生涯的特别展将在伦敦维多利亚与艾尔伯特博物馆举行。

展览名为"大卫·鲍伊是"（David Bowie Is），计划于2013年3月开幕，它肯定能给鲍伊带来不少乐趣。策展人称，为了举办第一个鲍伊的国际展，他们看到过鲍伊的档案库，展品中包括手写歌词、最原始的演出服和舞台设计。尽管鲍伊被誉为文化偶像，然而还是有些批评家觉得，在艺术与工艺的圣殿里展出一个流行歌星的物品不太合适。

这样的批评只会让鲍伊觉得开心和好玩，他依然坚持认为自己是局外人与被误解的叛逆者，就像他最心爱的演员之一詹姆斯·迪恩（James Dean）年轻时饰演的那些电影角色。后来他甚至开始同这个项目保持距离，暗示自己并不关心它。

少年时代的鲍伊曾经致力于寻找一种身份，他创造出一种令观众可以与之互动或对其表达反感的人格，以此在舞台与银幕上吸引他们。他可以同时是英雄与恶人，可以令人们

爱恨交加。他亦以永恒失落的青年形象出现，永远在寻觅着灵魂知己的安慰与陪伴，之后便要继续前行，更换朋友，改变方向。

大卫·鲍伊在60年代初期以一支自己的节奏布鲁斯乐队起步。由于出众的外表、不俗的着装品味与布鲁斯式的歌喉，他似乎获得了流行偶像地位。唱片公司勉强接受了他，但在最初尴尬的几年里，他却始终未能在排行榜上取得佳绩。直到1969年的《太空异事》，他才有了一首醒目的金曲，即便如此，没有人能保证他能推出下一首金曲，他的专辑销量依然不佳。

每当鲍伊把变化引入自己的生活、音乐与艺术方向，他的判断似乎都会被证明是正确的。进入70年代，他获得了巨大的国际性成功。事实上，他塑造了70年代的性格，在这个华丽摇滚的时代，整个世界都跟随他的《星星人》（*Starman*）、《简·吉尼》、《火星生活》与《反叛，反叛》起舞。

他一面在巡演中献上华丽的舞台表演，一面推出更多金曲，诸如《摇滚自杀者》（*Rock And Roll Suicide*）、《钻石狗》、《年轻美国人》、《名声》（*Fame*）与《英雄》。继早期专辑之后而来的是《帅哥美女》（*Pin Ups*）、《钻石狗》与《大卫现场》（*David Live*）等大量探索之作，直至《年轻的美国人》、《一站又一站》（*Station To Station*）、《低》（*Low*）、《英雄》、《罐头机器》（*Tin Machine*）和《黑领带白噪音》（*Black Tie White Noise*）。每张专辑都标志着鲍伊发展进程中的新时期，在这个过程中，他使用灵魂乐、舞曲甚至是重金属，把自己从科幻小说中的想象转变为一个更清晰亲切的形象。

作为堪与其他摇滚巨星平分秋色的明星，他也和约翰·列侬（John Lennon）、米克·贾格尔（Mick Jagger）与弗莱迪·莫库里（Freddie Mercury）等人合作，令《名声》、《街头起舞》（*Dancing In The Street*）与《压力之下》（*Under Pressure*）这些歌打入排行榜。此外鲍伊还凭着《天外来客》（*The Man Who Fell To Earth*）等影片成了影星，他在《象人》（*The Elephant Man*）舞台剧中的表现亦得到评论界好评。

2003年的专辑《真实》（*Reality*）之后，多年狂风骤雨般的狂热活动戛然而止。迄今鲍伊的专辑已经售出了1.4亿张，在"100位最伟大的英国人"投票评选中位列第29名。

对于这个男女莫辨，拥有异色眼瞳，涂着指甲油，染着鲜红头发，穿着性感女装走入流行世界的贝肯汉姆男孩来说，这真是个了不起的成绩。他是第一个站出来声称"我是同性恋"的流行歌星，尽管这其实只是鲍伊"B计划"中的一种挑衅。

他的千变万化与种种理念如同一段漫长而精彩的旅程，在此由这些悉心选择的照片呈现出来，简单扼要地纪录这段传奇人生。现在让我们通过照片，一睹真实乃至不真实的大卫·鲍伊。

THE
EARLY YEARS

DAVID BOWIE

早年岁月

大卫·鲍伊以其第一个人格"齐基·星尘"兴风作浪之时，如同一个令人讶异的幻影，他的身世来历完全笼罩在神秘之中，至少对新歌迷们来说是这样的。他的"早年岁月"罕为人知，这进一步加强了他身上的神话色彩。或许他真的是个外星人，最近才穿着一身"锡皮罐头"降临地球，他根本就没有什么历史。

鲍伊从小在南伦敦郊区的乡村田园长大，2012年初，电影工作者们在贝肯汉姆、布罗姆利与西维克汉姆一带的街头寻觅他曾经出没的地点，探访有关他的回忆。他在什么地方上学，他最早的演出是在哪儿？他们打算把这些资料用在筹拍中的纪录片里，揭示这位世界上最迷人、最受尊崇的巨星之一如何崛起。

真相是，这位歌手也曾是受到早期摇滚乐与节奏布鲁斯冲击的大批英国青少年之一。在成长的岁月里，他也曾迫切渴望加入那批急着组成自己的乐队、急着在流行乐排行榜上追逐名利的年轻乐手行列。他并不是什么外星人，他的早期忠诚歌迷都知道，他就是"我们中的一员"，但是他显然拥有独一无二的才华与个性，他要做的只是去说服伦敦南郊之外的整个世界。

这个后来成了"鲍伊"的男孩原名大卫·罗伯特·琼斯（David Robert Jones），他于1947年1月8日出生于伦敦市布里克斯顿的斯坦菲尔德路。父亲是海伍德·斯坦顿·"约翰"·琼斯，母亲是玛格丽特·"佩姬"·伯恩斯，他的母亲还有一个与前夫生的儿子，名叫特里，生于1937年。他的父母在1947年结婚。大卫后来上的是斯托克维尔小学。50年代，包括异父哥哥特里在内的一家人先后搬到布罗姆利和肯特，最后于1955年在普莱斯托·格莱夫的一处排屋定居。是特里最早鼓励年轻的异父弟弟喜欢上了爵士、诗歌与垮掉派文学。1958年，大卫进了布罗姆利技术中学，和同学彼得·弗拉普顿（Peter Frampton）交上了朋友，他的爸爸是这个学校的老师。彼得后来成了本地乐队"牧群"（The Herd）的主音吉他手，又与乐队"谦卑的饼"（Humble Pie）一起出

了名，最后成了单飞艺人。大卫在学校里还有一个好朋友叫乔治·安德伍德（George Underwood），两人都是愈来愈喜欢美国音乐中更为真诚的分支——节奏布鲁斯，它亦是摇滚乐的根基。"埃尔维斯和比利·哈雷（Bill Haley）很棒，但你听过查克·贝里（Chuck Berry）和波·迪德雷（Bo Diddley）吗？"这就是伦敦时尚少年们当时的呼声。

乔治和大卫曾经打过一架，准确地说，是一场小冲突，据说是为了一个女朋友。大卫的左眼被安德伍德的指节打伤，瞳孔不能正常活动。这使得他的蓝色眼瞳呈现出奇异的棕色或绿色。尽管如此，两人的友谊没有受到影响，1962年7月还一起组了他们的第一支乐队"康拉兹"（The Konrads）。

大卫·琼斯在乐队里做主唱，吹萨克斯，乐队想和迪卡唱片公司（Decca）签约，但未能成功。最后，他因为音乐理念上的分歧，退出了这支本来很有前途的乐队。乐队的其他人不像他这样热衷于节奏布鲁斯，更想翻唱克利夫·理查德和"影子"（Cliff Richard and the Shadows）的金曲。

1963年，大卫离开学校，在一家广告公司工作。下班回家后，他开始使用"戴维"（Davie或Davy）·琼斯这个名字，与另一支名叫"国王蜂"（The King Bees）的布罗姆利乐队合作，在乐队里吹萨克斯并演唱。他对这支乐队非常有信心，甚至写信给喜欢打鼓的洗衣机业百万富翁约翰·布鲁姆（John Bloom），请求资助。布鲁姆被这个男孩的勇气打动，推荐他去找音乐经纪人莱斯·康恩（Les Conn）。

莱斯努力为戴维·琼斯与"国王蜂"争取到了与迪卡的分公司Vocalion的一纸合同，1964年，公司发行了戴维·琼斯的首支单曲《丽莎·简》（*Liza Jane*），B面歌曲是《路易路易回家》（*Louie Louie Go Home*）。在A面，大卫以极大的热情，用很像后埃尔维斯式的布鲁斯唱道：一个小女孩虽然只有五英尺三英寸高，却让他爱慕。B面的歌不那么有意思，乐队只是沉重缓慢地跟着主唱。这张单曲碟有点像"披头士"的早期小样，只不过没那么好。9月，"国王蜂"在珊瑚（Coral）厂牌名下发布了《你留住了我》（*You're Holding Me Down*）和《得到》（*I've Gatta*）。两首歌没有打入排行榜，大卫便和一支更有希望的节奏布鲁斯乐队走在了一起，他们来自梅德斯通，名叫"小大人"（The Manish Boys）。"披头士狂热"的第一波狂潮与"滚石"大举出击期间，唱片厂牌到处寻觅节奏乐队，"小大人"就是在那期间和派洛风（Parlophone）厂牌签了约。"戴维"和"小大人"甚至还曾经和"皮特尼"（Pitney）、"奇想"（The Kinks）和玛丽安娜·费斯弗一起巡演过，算是非常振奋人心的进展。

他们的第一支单曲由派洛风发行，名为《我可怜那个愚人》（*I Pity The Fool*），B面歌曲是《听我的忠告》（*Take My Tip*）。制作人是美国人谢尔·托米（Shel Talmy），他因为给"谁人"（The Who）担任制作人而出名。A面是大卫·琼斯第一次尝试录制自己创作的词曲。托米还找来了录音室吉他手吉米·佩奇（Jimmy Page），他以精湛的演奏增强了专辑的音色。

大卫用一种更放松的布鲁斯表演的方式歌唱，表现出不少很快即将为世人熟悉的声音特点，表明他的技巧自《丽莎·简》之后有了极大进步。18岁的他非常擅长高音和分句处理，而《听我的忠告》里的爵士风格配乐成熟老练得令人吃惊。它不幸被用作B面歌曲，所以被当时的爵士乐评论家们所忽视，如果他们能听到，本可以发现一个崭新的天才，说不定还会鼓励未来的鲍伊走上一条完全不同的道路。这张有趣的唱片在1965年3月5日发行，但是琼斯担任主唱的乐队又一次没能登上排行榜。于是"小大人"也就这么解散了。

戴维·琼斯不屈不挠地投入了录制新单曲的战斗，新歌的制作人依然是谢尔·托米，名叫《你习惯了离开》（*You've Got A Habit Of Leaving*），B面歌曲名叫《宝贝喜欢这样》（*Baby Loves That Way*），伴奏的是一支全新的乐队，名叫"更低的第三名"（The Lower Third）。这张唱片1965年8月20日由派洛风发行。A面歌曲有铿锵的汤森德（Townshend）式吉他和弦、隆隆的鼓点与达特里（Daltrey）式的口琴，表明乐队很受"谁人"的影响。后来这支乐队甚至还曾经和"谁人"一起巡演。

大卫的声音显得非常幽怨，似乎正在走向他注重旋律的"摩斯族"[1]阶段。《宝贝喜欢这样》有轻快的节奏，主唱需要与闯入的和声相抗衡，还要应付一大堆"冗长"的歌词。

不管怎样，这样的歌曲为人们提供了迷人的脚注，让人们可以进一步洞察这个显然很出色的年轻人的艺术发展过程。我们现在可能非常"清楚"他有多么杰出，但是在60年代，伦敦是个热火朝天、充满竞争的地方，不管相貌有多好，多有才华，琼斯又该怎样在众多已经成功的乐队与艺人当中立足呢？他得做点与众不同的事情。他需要方向，最重要的是，还得有个充满同情心、人脉广泛、乐于鼓励新人的经纪人。最后他找到了肯·皮特（Ken Pitt）。

皮特给当时的很多顶尖乐队当过经纪人，他们都常常在伦敦的大帐篷俱乐部（Marquee Club）演出，比如"曼弗雷德·曼恩"（Manfred Mann）和马克·李曼五人组（Mark Leeman Five）。当时大卫的经纪人是罗杰·霍顿（Roger Horton），他曾经当过"忧郁布

[1] 摩斯族（Mods）起源于60年代的英国青少年亚文化，以骑小型机车、穿着发型考究、喜爱音乐为主要特征。——译注

右页图｜大卫·鲍伊非常年轻时的样子，摄于1966年。在找到合适的乐手之前，他和不少组合合作过。

BOWIE

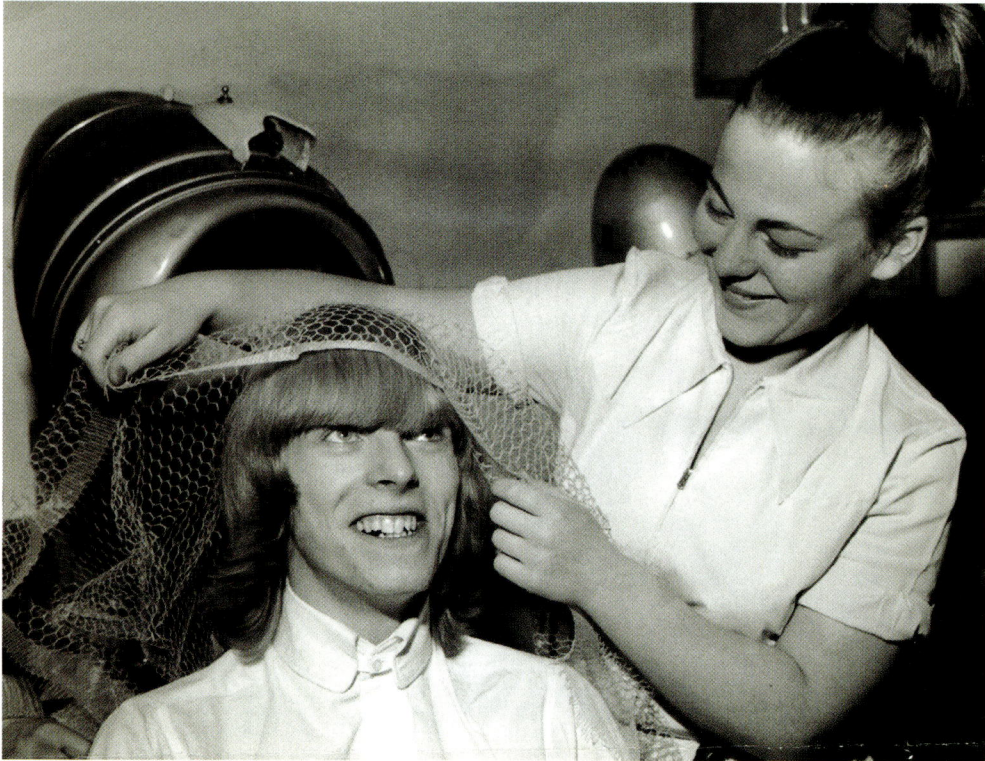

鲁斯"（Moody Blues）的巡演经纪人。肯和大卫签了经纪约，为他签下了派伊（Pye）厂牌。与此同时，也就是1966年1月，大卫·琼斯把名字改成了大卫·鲍伊。这是个听上去很罗曼蒂克，又让人印象深刻的姓氏，读作"鲍伊"而不是"鲍维"。它来自19世纪的美国拓荒者吉姆·鲍伊（Jim Bowie），"鲍伊猎刀"（Bowie knife）就是他首创的。这个新名字也可以让人把他和"蒙奇"（Monkees）的戴维·琼斯（Davy Jones）区分开，这个美国电视流行乐队正在全球风靡一时。

是肯建议自己的被保护人换艺名的，传说是这样：一天晚上，鲍伊去了皮特在伦敦的家里，对他说，"对了，我改名叫大卫·鲍伊了"。对于这个大新闻，肯随口答道："挺好的。"

至少，鲍伊似乎很有机会在排行榜上取得一席之地，并且得到音乐媒体的赏识，那个时候，《旋律创作者》（Melody Maker）、《新音乐快报》（NME）、《唱片》（Disc）和《唱片之镜》（Record Mirror）是流行乐新闻、趋势和信息的主要来源，打榜和音乐媒体的认可都非常重要。鲍伊以新名字发行的第一张单曲碟是《忍不住想着我》（Can't Help

Thinking About Me）/《我对自己说》（*And I Say To Myself*），由派伊发行，再次由"更低的第三名"伴奏。A面歌曲被视为他早期录音中最好的歌曲之一，登上了《旋律创作者》排行榜的前40名。这张碟由托尼·哈奇（Tony Hatch）制作，1966年1月发行。

鲍伊这段时间其他重要的单曲还包括《对你有求必应》（*Do Anything You Say*）/《早上好女孩》（*Good Morning Girl*），以及《我什么都喜欢》（*I Dig Everything*）/《我没有失眠》（*I'm Not Losing Sleep*），都由派伊发行。不幸的是，它们都失败了。和派伊的合约结束后，鲍伊和"更低的第三名"也断了关系。他曾经短暂地和一个叫"巴兹"（Buzz）的乐队合作，在"大帐篷"演出，那年7月也和他们分了手。后来鲍伊就一直以单飞艺人的形象出现，当时对他影响最大的是鲍勃·迪伦（Bob Dylan），而不是埃尔维斯或"谁人"。他还演电影、当模特，在一个名叫《意象》（*The Image*）的实验电影里亮相。这段时间，大卫还改善了自己的社交生活，经常和舞蹈家赫尔迈厄尼·法辛盖尔（Hermione Farthingale）出双入对。1966年11月，肯·皮特去了纽约，遇到了安迪·沃霍尔（Andy Warhol）和卢·里德（Lou Reed），希望能担任他们在伦敦的经纪人，还把卢·里德与"地下丝绒"（Velvet Underground）的专辑带回伦敦放给鲍伊听。

当时鲍伊已经从节奏布鲁斯乐队的主唱身份中摆脱出来，成了真正的唱作人。他的歌词反映出他对青年"摩斯族"文化的迷恋，这种文化是当时Soho区场景的重要组成部分。皮特帮大卫离开派伊，改签迪卡，当时迪卡错失了不少后来取得巨大成功的艺人，当然，其中就包括"披头士"，还有近在伦敦的"曼弗雷德·曼恩"。迪卡意识到，公司迫切需要适应不断变化的英国唱片行业，于是成立了一个更前卫的厂牌，名叫德拉姆（Deram），由制作人丹尼·柯德尔（Denny Cordell）主管，这是第一批所谓的"独立"厂牌。德拉姆推出了唱作人卡特·史蒂文斯（Cat Stevens），他凭一首《马修父子》（*Matthew And Son*）登上各大排行榜。

肯·皮特回忆："德拉姆是丹尼·柯德尔的创意，当时他已经做了不少出色的唱片。我和丹尼见了面，听了他的想法，知道他愿意扶植那些有点与众不同的年轻现代艺人，于是就签了大卫的合约。我们的合作非常好。丹尼·柯德尔认识一个美国来的小伙子，叫托尼·维斯康蒂（Tony Visconti），他成了大卫的制作人。加斯·达吉恩（Gus Dudgeon）也来了。"

托尼和录音师加斯都是版权发行公司埃克塞斯音乐（Essex Music）雇用的制作人，后来为德拉姆制作了许多新唱片。1967年6月1日，德拉姆发行了大卫的第一张个人专辑，名

字就叫《大卫·鲍伊》。在当时，这张专辑唯一出名的地方就是：一个独立发展的艺人之前没有金曲，就被公司允许发行一张完整专辑，这种事情还是第一次发生。事实上，公司曾尽力帮大卫在1966年12月发行的的单曲碟《橡胶乐队》（*Rubber Band*）/《伦敦男孩》（*London Boys*）成为金曲。A面的《橡胶乐队》在美国是和《有个快乐之乡》（*There Is A Happy Land*）一起发行的，后来也被收入《大卫·鲍伊》之中。有趣的好歌，再加上这个19岁男孩特别优美的歌喉，它们确实有资格成为金曲，但是实验色彩的管弦乐伴奏效果不怎么好，整个专辑没能打动渴望听到流行歌的青少年、DJ和主流评论家们。不过也有些乐手和作曲者觉得这个新人很有才华，比如在《橡胶乐队》里，鲍伊带着戏剧性色彩唱出的那些聪明嘲弄的歌词。

他的下一首单曲是1967年4月14日发行的《大笑的地精》（*The Laughing Gnome*），由迈克·维农（Mike Vernon）制作。这首歌是一首古怪的喜剧歌曲，成了鲍伊早期歌迷的最爱，但是被齐基/阿拉丁·塞恩时代的歌迷所不齿。鲍伊在歌里讲了这么一个故事，他把这个地精塞进火车，想送它到海边，结果却发现一大早它就回到自己床头，大声咯咯笑着，录制时把磁带加快的效果让这首歌更加生动活泼。很多"地精"的声音效果以及它的笑声都是加斯·达吉恩发出的。

讽刺的是，1973年9月，这首歌重新发行后终于成了金曲，在英国排行榜上位列第四。鲍伊后来为名叫"罐头机器"的重金属乐队担任主唱时，观众有时会开玩笑，大声要求他唱《大笑的地精》。

这张专辑里更重要的歌曲还有《阿瑟叔叔》（*Uncle Arthur*）、《卖给我一件外套》（*Sell Me A Coat*）和《爱你直到周二》（*Love You Till Tuesday*）。最后这首歌格外出色，此时，鲍伊已经形成了一种独特的歌唱风格，带有特殊的伦敦口音，很多人都觉得是受影星和前流行歌手安东尼·纽利（Anthony Newley）影响。事实上，纽利听到这张专辑后也有同感，为此还很不开心（他于1999年4月19日去世）。大卫后来说："我在自己的第一张专辑里模仿纽利的成分很重。整整一年里，我就是纽利。他是英国最有才华的人之一。"

《爱你到周二》得到了《旋律创作者》的热烈好评，制作这首歌花去了肯·皮特7000英镑。皮特还想再拍一个录像来宣传它。但是尽管他们非常努力，迪卡还是否决了鲍伊下面的三首单曲，最终把他赶出了德拉姆。

这对于肯·皮特来说是一段痛苦的经历："我们又录了一些歌，由托尼制作，星期一上午和迪卡的委员会开例会的时候，我们把它们交上去，他们一连否决了三首歌。委员会里有个人自己都觉得尴尬了。就这样，我们尽管无处可去，还是离开了迪卡。"

"迪卡在50年代做了很多出色的唱片，他们也有很多优秀的古典乐唱片。他们觉得一切都会永远这样延续下去。你能理解他们的态度。我只被允许列席会议，而且上午开会时间都非常早。委员会里有两个人我根本不知道他们长什么样，因为他们面前一直打开着报纸在看。真是太可怕了。于是我们就离开了。我为唱片部门的领导感到遗憾。"

但是早些时候，迪卡其实注意到了《大卫·鲍伊》这张专辑。"迪卡的老板第一次听到我们的专辑时说，'哇，自从安东尼·纽利之后，这个办公室里还从来没放过这么好的东西'，这话其实不是我想听到的！我相信，大卫的唱片里没有多少受纽利影响的东西，除非是他故意想造成的那种效果。当然，他看过纽利演的电视剧，也很喜欢他。他们俩都签了埃克塞斯音乐版权发行公司，所以公司后来把大卫·鲍伊的不少歌给了纽利唱，结果他把它们统统唱得平平淡淡！哈哈！"

离开德拉姆并不是世界末日。事实上，这反而成了好事，这样一来，鲍伊就可以继续探索自己的创意，在新厂牌水星（Mercury）打造自己的作品。他已经写了一首新歌，人们一听马上就会跟着哼唱起来。歌里唱了一个名叫"汤姆少校"的宇航员，他注定要在太空中独自漂流。当时鲍伊刚刚看过斯坦利·库布里克（Stanley Kubrick）的史诗科幻片《2001太空漫游》（*2001: A Space Odyssey*），他本来就喜欢科幻电影，这部影片更是对他产生了深远的影响。现实生活中，关于太空旅行的新闻也在持续传来。最后的结果就是这首超级金曲，把真正的大卫·鲍伊，一个充满活力和创意的"全新"艺术家推向世界。《太空异事》令人们彻底忘记了60年代他那些拼命奋斗的节奏布鲁斯乐队，甚至也抹去了他第一张专辑里的那个伦敦男孩。现在，人们听到的是一个奇异疏远而又极为浪漫的声音，来自遥远的外层空间，其中饱含着时代的情绪，要知道，那正是第一批美国宇航员登月的年代。而大卫·鲍伊，这个外星人就要降临地球了。

右页图｜"卖给我一件外套"？1967年，大卫推出了自己的首张专辑《大卫·鲍伊》，迫切地期待着帮助。

MAJOR TOM

DAVID BOWIE

汤姆少校

大卫·鲍伊一直在流行音乐的世界里到处漂泊，直到汤姆少校飘进他的生活。对于他来说，60年代末期在很多方面充满挫折，但却没有让他停止实验的脚步，他总在探索新创意，并从中获得宝贵的体验。

还有其他事情值得庆贺。他的第一张专辑把他推向世界，为他赢得新的歌迷和拥趸。1967年7月，他最受欢迎的一首单曲《爱你到周二》受到重要音乐媒体好评——《旋律创作者》称："大卫·鲍伊是英国流行乐世界里为数不多的具有独创性的单飞歌手之一。"

前页图 | 卷发吟游诗人形象的鲍伊，摄于他在伦敦南部贝肯汉姆搞"艺术实验室"的时期。

文章称赞他说："他写了非同凡响的东西，他相貌英俊，虽然他的声音里带有安东尼·纽利的韵味，但是他做出了这样精彩的唱片，这点雷同算不得什么。"

的确是溢美之词，遗憾的是，这首歌仍然没有成为金曲，但是鲍伊现在有更多选择。如果英国的流行歌曲市场还没有为他准备好，他可以更热忱地投入艺术，特别是芭蕾和舞台剧。他遇到著名哑剧演员林赛·坎普（Lindsay Kemp），向他学艺。1967年12月，他与林赛在牛津某剧场演了一场戏，名为《戴绿松石的小丑》（Pierrot in Turquoise）。

他从十几岁就喜欢古典乐和现代爵士乐，现在也依然有兴趣。这段时间他还密切关注着美国的地下摇滚乐。他是科幻迷，喜欢研究不明飞行物，也开始对佛教感兴趣。正是广泛的爱好和兼收并蓄的品味，令这段时期的许多英国流行艺人非常与众不同，充满知性色彩。

经纪人肯·皮特回忆："大卫总是乐于接纳新创意。当时我们在伦敦的曼彻斯特街合住一个公寓，我有很多书，他非常爱读，他也听古典乐。霍尔斯特（Holst）[1]的《行星》（The Planet）组曲是他的最爱。从大卫的音乐里，你能听出很多层次和色彩，但他喜欢佛教不是受我影响。我觉得他也不是真的那么感兴趣。他说自己喜欢佛教，这后来成了他对外宣传的一部分。我不当他的经纪人以后，他去了RCA公司，他们说他去苏格兰向佛教徒学习。我记得他在我柯曾街的办公室里跟一个和尚见过面。当时他的反应——说目瞪口呆都算是轻的。"

[1] 指英国古典乐作曲家 Gustav Dheodore Holst。——译注

"大卫有一阵子总是邋里邋遢，脏兮兮的。因为他看了一条佛教的教义，说你不应该过分注重外在的皮囊。然后这个神奇的家伙就换上了一身棕黄色的袍子，头发修得短短的，脚上穿了一双镶嵌宝石的夹脚皮凉鞋。满身都是好闻的熏香味。真是太好玩了。"

右页图 | "我看到你了……"大卫·鲍伊在伦敦中部圣马丁巷的三叉戟录音室（Trident Studios），1970年。

肯觉得大卫更像是"摩斯族",而不是佛教徒,甚至也不是华丽摇滚乐手。"作为摩斯族,他总是骑着黄蜂牌小摩托,穿军装夹克。他在自己的几首早期歌曲里对摩斯族文化做了概括,但这是因为他确实有着敏锐的观察力。他想为那些混在沃德街的摩斯族们写歌。他们的形象钻进了他的脑子,在《伦敦男孩》这些歌里浮现出来。"

鲍伊曾经尝试过节奏布鲁斯乐队,如今他觉得已经够了。他和女友赫尔迈厄尼·法辛盖尔以及朋友约翰·哈钦森组了一个哑剧剧团,名叫"羽毛"(Feathers)。但它只是昙花一现,他与赫尔迈厄尼的恋情也很快告终了。

肯·皮特辛勤地打理鲍伊的经纪事业,还给大卫在自己的公寓里留了一个房间,让他什么时候都可以来住。尽管两人相处很好,也有不少共同爱好,大卫可算不上什么好管的艺人。有时候他会消失;经纪人正在拼命努力让他成为明星,他有时却显得对此不怎么感兴趣。而且总有不少人试图影响、改变或者暗中接手鲍伊的事务。

鲍伊遇到安吉拉·巴奈特(Angela Barnett)时,她还只有19岁,此后就对他的生活与事业产生了极大的影响。她是个活泼的女孩,性格坚强,生于塞浦路斯,曾在美国和瑞士接受教育,当时在英国的金斯顿理工学院读书。大卫和安吉拉在伦敦的"轻松交谈"(Speakeasy)俱乐部,"克里姆森国王"(King Crimson)乐队的媒体招待会上相遇,是两人共同的熟人,水星唱片公司的凯文·马克·李(Calvin Mark Lee)介绍他俩认识的。这段时间,鲍伊的朋友圈子包括安吉拉、年轻的美国制作天才托尼·维斯康蒂、同为唱作人的朋友马克·博兰(Marc Bolan)和博兰的女朋友琼恩·柴尔德(June Child)。

这段时间维斯康蒂已经开始给大卫的下一张专辑录音了,这张专辑计划由水星唱片公司发行。一切似乎都很顺利,直到托尼听了大卫打算拿来做单曲的歌。他一听就不喜欢《太空异事》,拒绝制作这首歌。这似乎是个任性的决定,但他有自己的理由。他后来写道:"我觉得它是利用第一次登月成功炒作的廉价货。"而且他觉得,专辑里其他歌曲都是民谣摇滚风格,这首歌的风格和概念显得格格不入。这首歌花了一段时间才证明自己的潜质,因此一开始他的话可能显得是正确的。

鲍伊是在为《爱你到周二》拍宣传片的时候写的这首《太空异事》。肯特·皮特也为这首歌拍了宣传片,鲍伊在其中饰演歌中的主人公,太空飞行员汤姆少校。肯把这个片子给菲利普斯看,他很受打动,影片的整个摄制组也都喜欢这首歌,皮特听到他们在片场一直哼着这首歌。

秘感，微微有点跑调的和弦是录音乐手里克·威克曼（Rick Wakeman）用美乐特朗琴（Mellotron）弹出来的，鲍伊则用新发明的笔键琴（Stylophone）添加了带有太空感的特效。

《太空异事》是一首非常聪明的歌，尽管肯·皮特对鲍伊所受的影响有所保留，它显然和现实生活中美国宇航员计划在当年登月的事情有关。1969年7月20日，尼尔·阿姆斯特朗真的在月球上迈出了著名的一小步，也是全人类的一大步。尽管制作人并不看好，《太空异事》最后成了金曲，也成了大卫·鲍伊的一大步。

因为维斯康蒂拒绝参加，这首歌就由加斯·达吉恩担任制作，他是录音师，在德拉姆同迈克·维农合作期间认识了大卫。加斯很有幽默感，是他唱了《大笑的地精》里那段著名的高音。他第一次听到《太空异事》的小样时，就觉得"太棒了"，很高兴地接受了制作这首单曲的工作，与此同时托尼忙着制作专辑里的其他歌。

除了里克·威克曼弹键盘，其他伴奏乐手还包括米克·韦恩（Mick Wayne，吉他）、赫比·弗劳尔斯（Herbie Flowers，贝斯）和特里·考克斯（Terry Cox，鼓）。达吉恩后来回忆，威克曼得坐地铁来录音室，所以迟到了。但是他很快就进入了角色，两遍就录好了，大卫弹的笔键琴是一种很小的键盘乐器，他用一根唱针在上面弹出调子。

这首歌的弦乐配乐由保罗·巴克马斯特（Paul Buckmaster）编写，整首歌以立体声形式发行。1969年7月5日，当它在"滚石"的海德公园传奇免费演唱会上（是为了向几天前去世的布莱恩·琼斯致敬）播放时，和那天的怪异气氛可谓相得益彰。

1969年的夏天，不管是在地球还是在太空，都发生了许多重大的历史事件。然而到了9月，《太空异事》却只在英国排行榜上得到第48名的位置，根本没有打入美国排行榜。这首歌在排行榜上停留了仅仅一周就被唱片公司放弃了。

就在这时，帮忙的人来了，电台DJ们开始经常播放这首歌，使它走出了海德公园与伦敦的嬉皮圈子，渐渐引起了人们的兴趣，于是《太空异事》被匆匆忙忙重新发行。最后，到了月底，人们一觉醒来，就发现这首歌像火箭一样，直冲上英国排行榜第五名。它在单曲榜上停留了13个星期。

肯·皮特："尽管《太空异事》开始登上排行榜，最后达到第五位，人们还是告诉我，

1968年，鲍伊在德国汉堡，即将在电视节目中亮相。

它在美国肯定会完蛋，因为美国人刚把自己的人送上月球，这首歌就唱了一个悲伤的太空人穿着'锡皮罐头'在太空消失的故事。我猜他们肯定觉得《太空异事》是一种扭曲的讽刺。没错，它就是。"

这一次的成功本来应该加强鲍伊与皮特的合作伙伴关系，但事情却向着相反的方向发展。

肯："我们关系非常好，合作很顺利，直到外人和食客开始出现和介入。这种事经常发生，真是遗憾。那些人总是说：'我能为你做到更好'。"

"尽管后来有了齐基·星尘，人们想到大卫·鲍伊时还是会想到《太空异事》。它能吸引任何年龄、任何品味的人，而齐基·星尘只吸引摇滚乐迷。大卫的很多更年轻一些的歌迷都以为他是靠齐基·星尘起步的。才华和恶名是完全不同的两回事。他们可能会记得有个狡黠的红发小子，但他们不会记得他干了什么。所有人到现在都还记得，大卫·鲍伊曾经是那个靠着《太空异事》一炮而红的男孩。"

在鲍伊成为流行巨星之前，他已经和至少五个厂牌签过约，在音乐界的边缘混了六年。如今，电视台、广播和现场表演的邀请都向他涌来，音乐媒体也开始和他约采访。

这首歌可谓长盛不衰。1975年10月，RCA公司又重新发行了《太空异事》，这次它成了大卫在英国的第一首排行榜头名金曲。1973年2月，它还曾经登上美国《公告牌》（Billboard）排行榜的第15名，那一次是大卫首次在美国上榜，尽管此前他在英国已经有过不少金曲了。

为这首突破之作担任制作的加斯·达吉恩后来又制作了两首"太空"金曲，一首是"邦佐狗嘟哒乐队"（Bonzo Dog Doo Dah Band）的《我是都市太空人》（I'm The Urban Spaceman，1968），一首是埃尔顿·约翰（Elton John）的《火箭人》（Rocket Man，1972）。不幸的是，事业成功的加斯和妻子谢拉于2002年7月12日死于车祸。

在这个刺激的1969年夏天，大卫和安吉拉成了一对，在大卫妈妈的家里同居了。那是在肯特，贝肯汉姆的绍森德巷，一座名为"霍顿大厦"的哥特式宅邸内的一个公寓，如今已经毁弃。鲍伊还曾经和女友玛丽·芬尼根（Mary Finnegan）以及一群朋友合租住在一起，他们在贝肯汉姆高街名叫"三酒桶"的酒吧开了一个民谣社团，每周日晚上都有演出。大卫会唱歌、读诗，邀请客座艺术家光临，社团起名为"成长"（Growth），吸引了不少观众。

那年5月，这家社团改名为"艺术实验室"（Arts Lab），目的是鼓励更多年轻人扩展自己的思维与创意。¹大卫甚至还在贝肯汉姆公园组织了一次音乐节，于8月16日举行，而就在几天前的8月5日，他的父亲去世了。鲍伊对《旋律创作者》谈起"艺术实验室"运动，他说，自己的这个艺术实验室是"全国最棒的，完全没有伪君子。所有人都很真实，就像工人或者银行职员。它一开始是个民谣俱乐部，艺术实验室已经渐渐被污名化，成了一种虚伪的地方。"

"在这片绿地里，就有很多天才，而在德鲁里巷，人们只知空谈。我觉得艺术实验室运动非常重要，应该取代青年俱乐部，成为一种社会服务。到这里来的人都非常平和，我们得到了警方的许多合作，他们非常乐意帮忙。尊重能换来尊重。这儿也来了几个小混混，几个光头党，他们也同样热心。诗人和艺术家纷纷赶来，我们举办了自己的演出。我从来不知道贝肯汉姆有那么多人弹西塔琴。"

大卫经常在"三酒桶"唱歌，女孩们都带着病态的爱慕凝视他。本地的男孩们也受到鼓舞，纷纷拿起吉他。40多年后，这里的很多男人还能亲切地忆起鲍伊曾经和他们一起唱歌，不时请来彼得·弗拉普顿（Peter Frampton）、戴夫·卡森斯（Dave Cousins）、史蒂夫·哈雷（Steve Harley）、托尼·维斯康蒂、里克·威克曼与米克·龙森（Mick Ronson）这样的嘉宾。就连音乐剧《奥利弗！》（Oliver!）的作者，著名作曲家莱昂纳尔·巴特（Lionel Bart）也来做过一次特别演出。60年代初，正是巴特最早告诉肯·皮特：有个叫戴维·琼斯的人很有潜力。

2001年12月6日，已经改名为"老鼠与鹦鹉"的"三酒桶"里面安放了一块牌子，纪念鲍伊本人在艺术实验室的演出，为此当地居民还举办了一个特别仪式。

如今的肯·皮特从远处关注着处于文化边缘的鲍伊。甚至在《太空异事》成功之前，大卫的行为就开始让他担心。"他开始玩失踪，他愤怒的妈妈会打来电话。'你们看见大卫了吗，你们会跟他见面吗？'"他一连消失两三天，让父母非常忧虑。最后谜底揭晓，原来他是和林赛·坎普的一个舞者呆在一起，她是个可爱的女孩子。后来他又和赫尔迈厄尼·法辛盖尔同居。我希望这段关系好好发展，因为她是个特别好的女孩子，头脑非常清醒。就是在我们开始拍《爱你到周二》电影的那段时间，他搬到她在肯辛顿的家里，那儿还有三四个人住着。"

但是，赫尔迈厄尼觉得大卫的生活方式太动荡了，于是他回到曼彻斯特街，呆在肯的公寓，有时也回贝肯汉姆寻求安慰和陪伴。

肯："我没去贝肯汉姆公园的那次免费音乐节。当时安吉拉出现了，我们可有各种麻烦了。安吉拉的一切都是那么神秘。她是美国人，父母住在塞浦路斯，她爸爸是个工程师。她在瑞士上的是女校。来伦敦后在女王路的旅行社里工作。神秘的是，她到底是怎么认识大卫的？她认识伦敦水星唱片的主管，他们办公室就在她办公室对面。她和那个家伙交往，突然之间，另一个人就走进她的世界里来了。"

艺术实验室很有意思，但突然之间，鲍伊又回到了严肃的事业中来。那年年底，他被邀请与"谦虚的派"一起巡演，这支全新的"超级乐队"中包括史蒂夫·马里奥特（Steve Marriott）与他的老伙伴彼得·弗拉普顿。大卫做暖场演出，独自弹唱原声吉他，据报道，他演出时有光头党摇滚歌迷冲他起哄，就连他唱《太空异事》时也不例外。那样的地方没什么思维扩展可言。

可能正是某些观众的敌意令鲍伊开始考虑，如何把自己脆弱的人格埋藏在一个特别的超级形象之下。如果他要在舞台上当明星，最好是一个真正骇人的形象，能令整个世界都为之震惊。

与此同时，他还得忍耐朋友马克·博兰创造的奇迹——博兰原本同他那支怪异的乐队"霸王龙"（Tyrannosaurus Rex）一起搞原声乐队，如今正在渐渐成长为羽翼丰满的摇滚明星。现在大卫所有的希望都寄托在他的第二张专辑《大卫·鲍伊》（David Bowie，菲利普斯厂牌）上了，它于1969年11月4日发行。其中包括几首有趣的新歌，比如《不干净还稍微有点晕》（Unwashed And Somewhat Slightly Dazed）、《上帝知道我是好人》（God Knows I'm Good）和《免费音乐节的记忆》（Memories Of A Free Festival）。鲍伊似乎终于开始表达自己的自由与独立了。

鲍伊的第二张专辑几经变化。一开始它的名字叫《作词者，作曲者》（Man Of Words, Man Of Music），1969年11月由水星公司在美国发行；1972年10月，又以《太空异事》为名，由RCA公司在英国重发，把《太空异事》的加长版本作为第一首歌。

第二首歌就是《不干净还稍微有点晕》，这首歌很长，大卫用带有威胁性的、愤怒的音调喊叫着，盖过了随意弹拨的吉他。一把口琴如泣如诉，衬托着波·迪德雷（Bo Diddley）式的节奏，整体效果很像"大帐篷"俱乐部的疯狂节奏布鲁斯之夜——大卫经

右页图｜1967年的大卫。这张照片原始的配文是大卫收到第一封美国歌迷来信的故事。

常到那里去看"新兵"（The Yardbirds）之类的乐队，还有他最喜欢的歌手基思·莱尔夫（Keith Relf）。

《给赫尔迈厄尼的信》（Letter To Hermione）情绪更加柔美，歌词也更易懂，这首充满诗意的感人情歌是献给前女友赫尔迈厄尼·法辛盖尔的，拍摄《爱你到周二》的影片期间，她离开了他。他带着迷人的彬彬有礼唱道："我不知自己要做点什么，所以就写点情话送给你。"

《小天鹅委员会》（Cygnet Committee）是一首特别的作品，鲍伊以令人痛苦的真诚去开掘歌词中的深度。他哀叹道，"我给了他们生命……他们耗干我的灵魂……"这是一份私人证词，仿佛是在抗议他在嬉皮活动与艺术实验室运动中的工作不受人赏识。毕竟是他"赞美他们为自由付出的努力……用充满力量与同情的语言。"随着他咆哮"我想去相信……我想活下去！"这个宣言也达到了波莱罗式的高潮。这是一首很有激情的歌，但是可能被不少DJ、艺人发展部人员和年轻歌迷忽略掉了。

然而《雅妮娜》（Janine）这首歌点亮了专辑的B面，证明了鲍伊的非凡才能，他可以融汇不同风格，同时又保持自己独特的嗓音。这首歌中最重要的一句"如果你拿斧子对着我，你杀掉的会是另一个男人，根本不是我"，这种黑色幽默与痛苦情感有点像约翰尼·卡什（Johnny Cash）的歌。《偶然的梦》（An Occasional Dream）使用了横笛与竖笛，有一丝约翰·列侬与"披头士"的色彩，那种怪异的忧郁之感更像是来自利物浦的默西河畔，而不是来自泰晤士河。

大卫用卡巴莱歌舞风格的热情演唱了《自由云端眼神

THE RISE AND FALL OF ZIGGY STARDUST

DAVID BOWIE

齐基·星尘的崛起与陨落

大卫·鲍伊进入了一个充满动荡、变化与创意的时期，一年之后，便有了齐基·星尘。新婚的他又有了一个新的经纪人，于是向着摇滚乐的未来一头直冲过去。他自己的方式与决定仍然是那样随意和冲动，不过托尼·德弗里斯可以为他把控方向，坚定的力量推动着鲍伊把超级巨星的潜力变为现实。

此外，大卫还有一个强大的伴奏乐手团队，其中包括约克郡的两位小伙子，米克·龙森和米克·"伍迪"·伍德曼塞，他俩曾经组过自己的乐队"老鼠"（The Rats）。当时伍迪接到大卫的电话，要他接替约翰·康布里奇，来"炒作"当鼓手，他说自己遇到鲍伊那群人时简直就像"文化震撼。我们是北方人，一辈子都穿牛仔裤和补丁衣服。长头发对我们来说就算化妆打扮了。大卫穿着红鞋子，手上画着蓝色的星星。是他自己画上去的。他是个24小时全天候的艺术家，他做的一切都是为了创造舞台效果，他是故意这么做的。"

尽管伍迪渐渐开始欣赏大卫想要达到的目标，他们之间仍然有紧张的时刻和意见不一致的时候。录制《出卖世界的男人》时，伍迪与米克两人和鲍伊吵了一架，曾经短期离开乐队。他们回到赫尔，错过了一场鲍伊在利兹大学的演出。伍迪："我们在录音室里，大卫开始学马克·博兰唱歌。我们受不了这个，我说如果他这么唱，我就没法上台。所以大卫就自己一个人演了。"

两人重新组了"老鼠"，不过最后这两位出走的乐手还是回到南方来了，还带上了"老鼠"的贝斯手特雷弗·博尔德（Trevor Bolder）。就这样，鲍伊的乐队更团结了。三人都搬进了贝肯汉姆的"霍顿大厦"，他们都被鲍伊那种颇具异国情调的全新生活方式深深地吸引住了。

《出卖世界的男人》是在伦敦Soho区的三叉戟录音室录制的，1970年的四五月间就已经完成，不过专辑直到1971年的4月才发行。同时公之于世的还有鲍伊那张惊世骇俗的封面照片，他身上那条丝绸裙子是安吉拉花300镑在"费什先生"（Mr. Fish）[1]买来的。在英国，人们一开始以娱乐的心态和惊讶的心情接受了这个艺术宣言。然而在美国，唱片公司的工作人员们一看到这张照片，顿时发出了忧虑的叹息。最后，美国版的唱片以一张鲍伊的黑白照片为封面，照片中他做出踢腿的动作。被问及他这件引起哗然的服装时，鲍伊笑着说，那是一条"男人的裙子"。它是装饰性的，是"纯粹的戏剧"。但是他讨厌别人干涉封面的艺术设计，最后经过激烈的经纪谈判，离开了水星唱片公司，转投RCA公司。

前页图｜鲍伊噘着嘴，推出自己最具偶像色彩的形象"齐基·星尘"，他于1972年6月降临伦敦。

[1] 当时风靡一时的时装设计师 Michael Fish 的门店。——译注

右页图｜随着华丽摇滚的时代降临，大卫·鲍伊得到了力量，向外星人的造型迈出了新的一步。

1971年1月，他终于来到美国，开始了自己的第一次美国宣传，在那里接受了很多纸媒与电视采访。在纽约，他受邀会见了许多名人，诸如安迪·沃霍尔、伊基·波普（Iggy Pop）和卢·里德（Lou Reed）。大卫对卢·里德与"地下丝绒"做的音乐特别感兴趣，他们对他的音乐方向产生了很大影响。

不管这个"裙子"封面掀起了多少风波，最重要的当然还是鲍伊的音乐。这张专辑的第一首歌《圆的宽度》（*The Width Of A Circle*）很有力量，是一首史诗般的歌曲，长达8分钟。大卫充满激情的演唱伴随着乐队的咆哮，令这首歌的冲击力达到最高点。龙森的吉他弹出一连串不安的乐段与爆发性的和弦，奠定了这首歌的情绪，而大卫则疯狂地唱出这几句精神错乱般的歌词："我遇到一个怪物，它睡在树下……我看着它，皱起眉头，因为这怪物就是我自己。"

一段精彩的吉他独奏之后，歌曲的速度变快了，鲍伊唱起一段有关同性性爱的歌词，他吟诵道："他吞下他的骄傲，撅起嘴唇，我的膝盖在发抖，我的脸颊在燃烧……再来一次，再来一次……"

下一首歌《所有疯子》（*All the Madmen*）是在"霍顿大厦"写的，当时鲍伊正经历人生中

一段痛苦的时期：父亲去世了，伙伴肯·皮特与他决裂，异父哥哥特里因精神病在医院接受治疗，状况亦是每况愈下。

原声吉他指引着鲍伊唱出内省的独白，他把自己当作医院中一个正经历痛苦治疗的病人。"每一天他们都带走我的一点脑子，"他用旧式的南伦敦口音唱着，为这个令人不安的想象赋予一丝毛骨悚然的色彩。

《黑色乡村摇滚》（Black Country Rock）是一首欢快的小曲，有点讽刺"霸王龙"的嫌疑——这支乐队为他的朋友兼竞争对手马克·博兰带来了成功，1970年，他们的《跳舞的小鬼》（Bopping Imp）和托尼·维斯康蒂为他们制作的金曲《骑上白天鹅》一起占领了排行榜。鲍伊唱歌时的颤音和嘶声很像博兰，这种做法令鼓手伍德曼塞非常不安，他完全不欣赏这种讽刺。

《毕竟》（After All）是一首温柔、充满遗憾的歌曲，大卫仿佛在思省自己与嬉皮生活方式的决裂——在艺术实验室与免费音乐节的时代，嬉皮们曾是他的伙伴。《毕竟》是一首关于理想破灭的歌曲，有着忧伤的露天马戏团汽笛风琴式伴奏，1975年，BBC电视台的纪录片《疯狂演员》中使用它作为配乐。

《开枪布鲁斯》（Running Gun Blues）音调很高，鲍伊在歌中扮演了一个失控的前越战老兵，满怀杀气地报复社会。他有点像好莱坞影片《第一滴血》中史泰龙饰演的兰博的前身，不过那部电影是十年后的事，也就是1982年了。更有意思的是《救世主机器》（Saviour Machine），它聪明地构想出一个由科技统治的未来世界。这台机器是"乔伊总

统"设计的，用来避免战争，为大众提供食物。人类都喜欢这个机器，但它自己觉得厌烦，威胁要带回战争。龙森的吉他充满未来主义之感。

《她让我发冷》（*She Shook Me Cold*）非常动听，吉他前奏颇有吉米·亨德里克斯（Jimi Hendrix）的风采，推着鲍伊进入极硬的摇滚律动。他回忆自己和一个金发姑娘在一起的经历，然后闭口不唱，让乐队进入一段"奶油"（Cream）/亨德里克斯式的即兴。70年代经常去音乐节的歌迷们都很熟悉这样的旋律，这是边吃热狗、边喝罐装啤酒边听的音乐……

在倒数第二首歌《出卖世界的男人》里，歌手离开控制台，回到乐手们中间，一曲《她让我发冷》之后，乐队无疑已经精疲力尽，于是婉转地奏出这样一支受佛教与轮回观念影响的歌曲。

在歌中，歌手在台阶上遇到的这个"男人"被视为他的另一个自我，一个来自过去，久已去世的朋友。这首歌的曲子很美，1973年被流行歌手露露（Lulu）翻唱，1993年又被"涅槃"（Nirvana）的柯特·科本（Kurt Cobain）在他们的《MTV：纽约不插电》（*MTV Unplugged In New York*）专辑里翻唱（专辑于1994年发行）。1979年，鲍伊也曾在美国的电视节目"周六夜现场"（Saturday Night Live）上重新演唱这首歌。

专辑的最后一首歌《超人》（*The Supermen*）反映了鲍伊对德国哲学家弗里德里克·威廉·尼采的兴趣。尼采在著作《查拉斯图拉如是说》中提出了"超人"概念，他写道，"万物皆虚，万事皆允"，之后陷入长达12年的疯狂，最终与世长辞。

大卫以狂魔般的激烈情绪演唱，犹如舞台上的魔鬼，他描述"超人"是"一座无爱之岛上的卫士，阴郁地孕育着超级恐惧"。在很多方面，这首歌都是在为强大的摇滚巨星——齐基·星尘的出现做彩排。

《出卖世界的男人》的销量增长有点慢，颇令人失望。不过又一张"前齐基时代"专辑很快到来了。一年后，也就是1971年12月，鲍伊推出了《一切都好》，也是一个重大飞跃。此时他已经签约RCA，汤姆·德弗里斯的公司"重要人士"（Mainman）也在不懈地宣传这颗新星。

大卫的日子似乎好过了很多，而且还有更值得庆祝的事——5月28日，他和安吉拉的儿子邓肯·祖伊·海伍德·琼斯（Duncan Zowie Haywood Jones）在布鲁姆里医院出生了。邓肯长大后，因为执导科幻大片《月球》（*Moon*，2009年）出了名。和父亲的很多歌曲一样，影片也是讲述一个濒临疯狂边缘的男人，内心充满孤独和不祥的预感。

《一切都好》的录制工作从7月开始，值得一提的是，肯·斯科特（Ken Scott）的制作工作为录音质量增色不少。他令鲍伊的声音中有了一种全新的清澈。最明显的就是第一首歌《变化》（*Changes*），一首带有放克风格的明亮歌曲。令人惊讶的是，这首如今已经家喻户晓的歌当年虽然在广播里放过不少遍，却从来没有登上过排行榜。

歌中鲍伊所唱的"变化"既孕育在他过去的动荡生活之中，也来自当时越南战争对社会的影响。讽刺的是，1972年1月，这首歌作为单曲推出时并没有登上排行榜。接下来的一首《啊！你们这些漂亮的小东西》（*Oh, You Pretty Things*）被"赫尔曼的隐士"（Herman's Hermits）乐队的前主唱彼得·努恩（Peter Noone）翻唱，成了金曲。大卫慷慨地把这首歌送给了他，他翻唱的版本在英国登上了排行榜第12名。《变化》作为单曲推出后，一直都在艰苦地争取影响力，大卫也在各种不适宜的场馆之间跋涉，做着艰苦而毫无成效的巡演，不过他在考文垂的兰切斯特艺术节上演出时，遇到了罕见的情况。当天伴奏的是龙森、博尔德和伍德曼塞，观众的情绪好极了，没有起哄，只有喝彩。不久后他就要体验到"鲍伊狂热"（Bowiemania）了，就像马克·博兰一度激发起"暴龙迷醉"（T. Rextasy）一样。

大卫与安吉和他们的孩子祖伊·鲍伊（生于1971年5月30日），这个孩子后来成了电影导演邓肯·琼斯。

右页图｜大卫·鲍伊静静地面对镜子，这是米克·罗克的经典照片，摄于1972年4月，伦敦贝肯汉姆。

《啊！你们这些漂亮的小东西》一开头是无礼的催促，"起来你这瞌睡虫，穿上衣服，铺好床"。配乐是沉重的钢琴和弦，仿佛作曲者还在苦苦思索人类是否将不仅仅停留在"智人"阶段，而是注定进化为"超人"。

接下来的《八行诗》（*Eight Line Poem*）有种乡村摇滚乐的氛围，吉他和钢琴在鲍伊奇异扭曲的声音背后强调出缓慢的二重奏。

惊世骇俗的《火星生活？》（*Life On Mars?*）是大卫最受喜爱、最受欢迎的歌之一。1973年它登上英国排行榜第三位，那句"看那些洞穴人"回荡在整个地球之上。弦乐与定音鼓赋予这首歌一个震撼的结尾。

《怪人》（*Kooks*）是一首甜美感人的歌曲，写给他与安吉拉，这对注定是"一对怪人"的父母正热切期待着邓肯·琼斯的降生。他们忙着给孩子买"一大堆让他暖和干燥的东西"。歌中充满明智的建议，比如不要在学校里和恶霸打架之类的。大卫后来说这首歌太过多愁善感，但它那奇异的简洁正好能让人回想起1967年的那张《大卫·鲍伊》。

《流沙》（*Quicksand*）使用温和的原声吉他伴奏，大卫深入一部"默片"之中，在歌词中点缀了传奇魔法师阿莱斯特·克劳利（Aleister Crowley）等各种臭名昭著的人物。这首歌的主题是个人力量的失落，以及光明和黑暗之间永恒的较量。

《充满你的心》（*Fill Your Heart*）是美国唱作人比夫·罗斯（Biff Rose）异想天开的作品，有弦乐伴奏，而萨克风独奏则直接来自鲍伊本人。这首歌有些冷淡，大卫的声音好像在为木偶戏《潘趣与朱迪》（*Punch & Judy Show*）试音似的，不过里克·威克曼在钢琴上弹出的曲调还是很美的。《安迪·沃霍尔》（*Andy Warhol*）本来是想向这位伟大的艺术家致敬，但它总体的轻浮气质却显然会让听者感到不安。毫无疑问，歌中可以听出他们在录音室故意拿沃霍尔的名字逗趣（大卫笑道："沃霍尔好像在洞里"），引得所有人大笑起来，非常让人恼火。这种"名声"可不是人人愿意拥有的，哪怕只有15分钟也不行。

《给鲍勃·迪伦的歌》（*Song for Bob Dylan*）本意是为了赞颂迪伦，但是效果也同样不怎么好。可能是因为鲍伊惟妙惟肖地模仿了不少迪伦的声音特点，还说他的歌声"就像砂石与胶水"。《贱人女王》（*Queen Bitch*）要好得多，它回归了摇滚乐，内容是对男同性恋与易装的坎普式想象。大卫在歌中挖苦一个情敌的帽子，与此同时米克·龙森的吉他欢快地跳跃着。

《一切都好》中还有《比雷兄弟》（*The Bewlay Brothers*），令人不安地描述他与异父哥哥之间的关系，充满内省与自我剖析，只是方式愈来愈奇异骇人。整张专辑中都充满这样自相矛盾的观念与情绪的大起大落，但充满天才的气息。

但此时大卫又在全心关注《齐基·星尘的崛起与陨落与火星蜘蛛》（*The Rise And Fall Of Ziggy Stardust And The Spiders From Mars*）的整体概念了。

这是鲍伊的第五张专辑，也是他最著名、最成功的一张专辑，其中潜藏的概念就是要引入"捏造"的观念，以及它统治流行文化的方式。他后来说："对于很多70年代初满心厌倦的人们来说，'现实主义'与'诚实'显得非常无聊。"

鲍伊的理念就是创造一个超脱现实、不真实的人格，然后在现实生活中体现它。这就是他解决自己身份认同问题的方式。这张专辑的名字可以看作鲍伊对同时期那些名字夸张的杰作的机智回应——诸如"披头士"的《佩珀军士的孤独之心俱乐部乐队》

大卫·鲍伊摆出讥嘲、愤怒的齐基·星尘形象。摄影师米克·罗克，摄于1972年10月，洛杉矶，比弗利山庄酒店。

（*Sgt. Pepper's Lonely Hearts Club Band*）以及 "滚石" 的《魔鬼殿下们的要求》（*Their Satanic Majesties Request*）之类。

这张专辑也可以被视为对马克·博兰与 "霸王龙" 持续上升势头的回应，博兰他们的歌《火热的爱》（*Hot Love*）、《干吧》（*Get It On*）、《吉普车手》（*Jeepster*）、《电报山姆》（*Telegram Sam*）和《金属上师》（*Metal Guru*）正主宰着排行榜单。身穿绸缎和羽毛，脸上带着闪亮化妆的马克成了华丽摇滚之王，而鲍伊自从1969年的《太空异事》之后就再也没有金曲上榜了。

博兰曾经也是个地下嬉皮偶像，如今却成了流行歌星，被少女歌迷们狂热崇拜。或许齐基·星尘可以用一种有魔力的方式，帮助鲍伊取得同样的名声与爱戴呢。

在这个时期，鲍伊生活中各种各样的人物、影响和体验汇聚在一起，促成了齐基的诞生。表面上看，齐基的 "外表" 不过就是大卫染红了头发，穿上瘦腿裤和长靴。当然，他还得做出点 "娘娘腔" 来，在一次著名的采访中，他告诉《旋律创作者》的作者迈克尔·沃茨（Michael Watts）： "我是同性恋，从我还是大卫·琼斯的时候起就是。" 这句话为他的宏伟计划一锤定音，从此齐基/鲍伊就成了扬名世界的明星。不过，他明白这话对身边亲人们的影响，于是还得给妈妈打电话，向她保证这绝不是真的。

在流行世界里，他一路都受到苏西·法赛（Suzi Fussey）的帮助，正是她设计了齐基的发型。鲍伊在贝肯汉姆办艺术实验室的那段时间，她在 "三酒桶" 对面的发廊工作，后来成了鲍伊的服装助理，在 "齐基" 巡演期间，为 "火星蜘蛛" 乐队成员们打理发型。她还成了米克·龙森的个人助理，两人后来结婚了。齐基和 "火星蜘蛛" 们的服装出自日本著名设计师山本宽斋之手，是他访问伦敦期间设计的。鲍伊对日本的歌舞伎表演的爱好也为他提供了许多灵感。

"齐基" 的原型看似来自马克·博兰，但鲍伊后来说，一个名叫文斯·泰勒（Vince Taylor）的英国摇滚歌手才是齐基概念真正的灵感来源。文斯原名布莱恩·莫里斯·霍尔顿（Brian Maurice Holden），1939年生于伦敦，在美国长大。60年代，他回到英国，开始在Soho区的2Is咖啡吧唱歌，组了自己的乐队，名叫 "花花公子"（The Playboys）

后来他移居法国，摇身一变，成了身穿黑色皮衣的摇滚明星，堪与约翰尼·哈利戴（Johnny Hallyday）[1]相媲美。他有一首名为《崭新的卡迪拉克》（*Brand New Cadillac*）的金

[1] Johnny Hallyday，1943– ，法国偶像歌手，演员。——译注

曲，被誉为法国的埃尔维斯·普莱斯利。然而酗酒与吸毒令他付出了代价，他的生活与事业都成了一团糟。后来他迷恋宗教，身穿白袍，在台上宣讲圣经，说自己就是新的弥赛亚。鲍伊在伦敦见过泰勒，被他疯狂的生活方式所感染，觉得他是一个邪典天才。文斯一直断断续续地演出，最后移居瑞士，做维修工为生，他觉得这一行比摇滚乐带给自己更大的幸福。1991年8月，他死于癌症，享年52岁。

鲍伊一直都觉得这个神秘摇滚偶像的故事很有意思，不幸的是，此人在英国已经完全被人遗忘了。大卫说过："文斯·泰勒是齐基的灵感来源。他慢慢地走向疯狂。"

还有一个重要的影响，就是籍籍无名的美国歌手"传奇星尘牛仔"（The Legendary Stardust Cowboy）。1968年，他有一首古怪的小单曲登上了排行榜，名叫《麻木》（Paralyzed），如今它被视为"心理摇滚"（psychobilly）中的经典，也一直是鲍伊的最爱。这位"牛仔"原名诺曼·卡尔·奥多姆（Norman Carl Odom），生于得克萨斯州，他说自己从小就想去火星，而且一直梦想着出名。当然，鲍伊把齐基归功到他头上以后，这位"传奇星尘牛仔"就出名了，歌迷们叫他"莱奇"（The Ledge），为了投桃报李，他还翻唱过《太空异事》。

齐基也可以被视为现实生活中许多燃尽自己的偶像们的化身，从吉米·亨德里克斯到吉姆·莫里森（Jim Morrison），另外也别忘了，安迪·沃霍尔曾经酝酿过"造星者"的观念，制造名流，把他们推向大众，虽然只是很短的一段时间。

舞台剧《猪肉》（Pork）来到伦敦时，沃霍尔进一步影响了鲍伊。这部剧通篇都是描写沃霍尔在纽约的工作室"工厂"里的生活。它在"圆屋"上演，"工厂"明星切莉·范妮拉（Cherry Vanilla）和韦恩·康蒂（Wayne County）都参加了演出，染色的头发和满身的亮片装饰格外醒目。那段时间，鲍伊还没有开始在舞台上穿嬉皮戏服，可见《猪肉》在服装方面对他影响不小。

沃霍尔的众多成就之一就是支持了纽约乐队卢·里德和"地下丝绒"。所以，鲍伊也组了一个伦敦乐队，还给它起了个不祥的名字"阿诺德·科恩斯"（Arnold Corns）[1]。这支乐队本来是想给时装设计师弗莱迪·布莱蒂（Freddi Buretti）伴奏，由此人化名"鲁迪·瓦伦蒂诺"（Rudi Valentino）担任主唱。1971年4月，鲍伊为这个组合制作了两张单曲碟，在B&C厂牌下发行。鲍伊匿名演唱了第一张单曲碟里的两首歌：《月球时代的白日梦》（Moonage Dream）和《坚持你自己》（Hang On To Yourself），这两首歌后来又都出现在《齐基·星尘》这张专辑里。后来《坚持你自己》又再次作为单曲发行，瓦伦蒂诺演唱了它的B面歌曲《寻找一个朋友》（Looking For A Friend）。

两首单曲都没有登上排行榜，但是它们成了颇有帮助的实验，让未来的"蜘蛛"们——伴奏乐手龙森、伍德曼塞与博尔德聚在一起。当然，他们就是原来的"老鼠"，最后和鲍伊一起来到三叉戟录音室，录制《齐基》专辑。托尼·维斯康蒂当时把全部时间都投在"霸王龙"上，所以这一次制作人换成了耳力敏锐的肯·斯科特（Ken Scott）。

他们本来没有做概念专辑的计划，但鲍伊已经准备好了不少歌曲。专辑一度取名为《转啊转》（Round and Round），这名字确实挺无聊的。其实在《一切都好》发行之前，录音

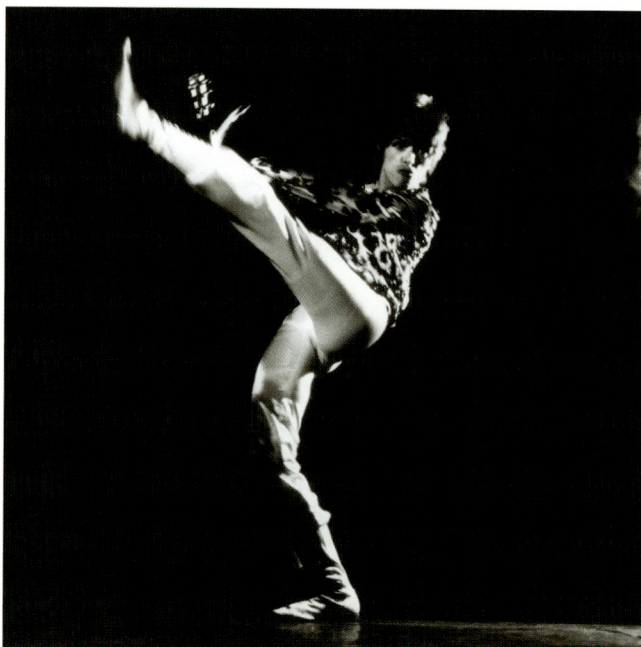

[1] 这个名字来自Pink Floyd的歌"Arnold Layne"，一个偷窃女性内衣的易装者。——译注

大卫·鲍伊（齐基·星尘）一路冲向明星生涯，图为1972年的一场表演，但是"火星蜘蛛"哪儿去了？

就已经开始了，一直持续到1972年1月。1972年6月6日，专辑终于以《齐基·星尘的崛起与陨落与火星蜘蛛》这个完整的名字发行。

鲍伊后来承认，"齐基·星尘的崛起与陨落"其实是一个支离破碎的作品，"火星蜘蛛"也并不真正代表一个乐队。但他的理念就是要吸引公众的想象，神秘诱人的唱片封套设计也为专辑增色不少。

封面上，鲍伊留着染成金色的头发，身穿绿色连体服和长靴，怀抱吉他，站在Soho区小巷里的一堆箱子前面，头顶是一块灯光牌，上面写着"K.West"字样。封套后面的照片上，鲍伊手放在臀部，呆在一个伦敦红色电话亭里。这些图片是摄影师布莱恩·渥德在一个雨夜拍下的，最初都是黑白照片，渥德后来给它们染上了颜色，为它们平添几分艳丽浮华的感觉。

那个显眼的"K. West"招牌似乎是暗示一次即将开始的"探索"，但它其实只是摄政街拐角赫顿街23号皮草裁缝的名字。这里后来成了齐基忠实粉丝们的朝圣之所，正如"披头士"歌迷涌向艾比路一样。

专辑在第一周就卖出了惊人的8000张，1972年8月19日和20日，齐基和"蜘蛛"在伦敦的彩虹剧场演出了两场，暖场的是"洛克西音乐"（Roxy Music）。演出座无虚席，简直就是华丽摇滚的天堂。鲍伊在一片云雾中华丽登场，身穿银色西装，头发是鲜红的颜色，他欢快地自我介绍说："你们好，我是齐基·星尘，他们是'火星蜘蛛'。"演出高潮时林赛·坎普穿着天使服装出现在台上。

最后，鲍伊脱下银色衣服，只穿红色内衣，站在高台上唱了《星星人》，头顶的旋转灯光球投下道道光束照耀着他。坐在观众席中目睹这一华丽景象的人包括艾利斯·库珀（Alice Cooper）、卢·里德、埃尔顿·约翰（Elton John）和米克·贾格尔（Mick Jagger）。

这年9月，鲍伊开始了美国巡演，其中有一场是在纽约卡耐基音乐厅演出。虽然他在美国并不是场场座无虚席，但也颇受好评。

《齐基》这张充满刺激火花的专辑其实是在两个星期之内创作并录制的。伍迪·伍德曼塞后来说，录制所有音轨只花了一个星期。"大多数歌曲一两遍就录完了。我们就是这样，很快就把它们定下来。我们都向着同一个方向推进，想传达同样的信息。我们想让专辑有一种现场感，听上去很好听，没有任何让人尴尬的东西。这种新鲜感被带进了唱片里。《齐基》让大卫成了超级明星，整个概念都是建立在他的创意基础上。"

"我记得我和米克得去利宝百货公司采购，用来做'火星蜘蛛'的演出服。我们挑来挑去，看着店里各种蓝色、粉色和金色的衣料，不知道我们到底在干什么。回家以后，大卫在客厅里画了点东西让我们看，说'演出服就是这样'。"

"简直太不现实了。米克得穿金色的衣服，我和特雷弗都说：'我才不要穿粉的！'后来特雷弗染了深色的头发，穿蓝的还不错。安吉拉看着我说：'真男人才能穿粉色的。'"

"米克就说：'我是个乐手，我还有朋友。我不想穿成这样上台。'然后就收拾行李直奔贝肯汉姆火车站。大卫对我说：'去把他叫回来。'我和米克坐在站台上，我给他解释这一切都是为了什么，尽管我自己也不完全确信。一切有可能大错特错。但我们冒了这个风险，大卫要坚持这个点子也的确需要很大勇气。"

右页图｜鲍伊打扮成齐基·星尘登台表演（约摄于1972年）。到1973年7月底，就再也没有人见过齐基。

米克和伍迪回到"齐基"的团队，后来大卫带他们去西区的一家剧院，要他们注意舞台灯光。伍迪说："那时候的摇滚乐队不会动用大型灯光设备。就算有灯光，也只是高潮时打点红光绿光。大卫想创造性地使用灯光照明，为演出增添气氛，更好地解释那些歌曲的含义。"

伍迪还记得在"霍顿大厦"大卫家里写歌和居家的日常生活："一个星期日的早晨，大卫的妈妈把茶端到我们床边。米克睡在地上，大卫的妈妈端着茶进来了。他醒过来，差点全裸着从睡袋里跳出来。"

喝过了茶，工作进展得飞快。伍迪："大卫写完歌就用木吉他弹给我们听。然后我们就把它们改成摇滚歌。一开始，大卫在钢琴上弹了点东西，然后坐在客厅里，我们就听见他在那儿弹吉他。过一会儿他就喊：'伍迪，过来听听，'然后就给我们弹一首新歌。那段时间的歌都很好，他简直是欲罢不能。特雷弗和我得为这些歌找到节奏，给它们带来生命。"

"就这样，我们成了'火星蜘蛛'，渐渐学会让这一套变得真实可信。我们对待观众的态度是：'你们会喜欢这个的。'我们当乐手不需要谁的许可，我们知道这就是好东西。"

Side），以及伊基·波普与"傀儡"（Stooges）的《生猛力量》（*Raw Power*）。

真是辛苦忙碌的日程，大卫解释说："一旦出名，你就会确信它只能维持有限的时间，所以就会尽量给自己排满工作。我同时还在写歌，为将来的演出酝酿创意，在一切都消失之前尽可能多做点什么。"

1973年1月，鲍伊乘坐QE2号远洋轮回到纽约，开始第二次美国巡演。第一场是在"收音机城"音乐厅的演出，他在舞台上晕倒了。上台前他没吃多少东西，身为"齐基"的紧张生活亦令他付出了代价。不管怎样，他带着一支人数增加了的乐队乘坐大巴，在美国的南部与西部蜿蜒而行，最后在洛杉矶的长滩礼堂演了两场。除了"火星蜘蛛"和迈克·加森，乐队还增添了另一个鼓手安斯利·邓巴（Aynsley Dunbar）和萨克斯手肯·福德姆（Ken Fordham）。

接下来，4月的日本之旅令人失望，八场演出全都没有满座。但这的确是一次冒险，回程他们乘坐穿越西伯利亚的火车，横跨俄罗斯大陆，回到巴黎和伦敦，真是史诗般的旅程。在他离开英国的漫长期间，《阿拉丁·塞恩》于1973年4月13日发行了。《齐基·星尘的崛起与陨落》备受期待的续作终于面世，那么"阿拉丁"会崛起还是陨落呢？答案揭晓得非常快。这一次，又是一张极度成功的专辑。预售便达到10万张，确保它冲到专辑榜第一名的位置。5月，鲍伊又出发在英国巡演，一共演了27场，以5月12日伦敦伯爵宫的演出作为开始。

齐基·星尘时期之后的大卫·鲍伊和一只大狗合影，为1974年的专辑《钻石狗》拍封面照。

右页图｜大卫在路上。1973年的齐基·星尘世界巡演。始于苏格兰，途经英国、美国与日本，最后在伦敦告终。

这个消息轰动一时，后来有消息透露，鲍伊和经纪公司拒绝了利润丰厚，包括80场演出的美国巡演。后来，鲍伊在伦敦的"皇家咖啡"俱乐部举办了盛大的告别派对，当天有不少明星出席。他向米克·贾格尔和卢·里德等朋友们解释说，自己需要从齐基的身份和摇滚乐当中"退休"，尝试新事物，也就是演电影。他的下一步就是研究各种电影剧本，重新衡量自己的人生，也从"齐基"这段经历中恢复过来——这个伪摇滚明星是他自己一手缔造的，如今却成了弗兰肯斯坦的怪物。不幸的是，这个怪物必须死。

大卫说："人们对待我就像对待齐基一样。我开始相信自己就是下一个救世主。我也被齐基迷惑住了。我无助地迷失在幻想里，那些演出，特别是在美国的演出，变得非常可怕。"

但鲍伊狂热的歌迷们并没有彻底失望。《阿拉丁·塞恩》采用惊人的大张折页唱片封面，仍然有震撼人心、令人愉悦的力量。封面上绘着红发的鲍伊，前额和右眼处横过一道深红色闪电，它成了70年代的标志形象。唱片封套内有一张大卫的裸照，他神态庄重，身上薄薄地喷涂着银色。

专辑的音乐既充满情感，又富于挑战。它不再过多强调米克·龙森的吉他（鲍伊的经纪公司答应把龙森作为单飞的艺人来推出），更侧重于迈克·加森的钢琴。不管怎么说，这张专辑被视为华丽摇滚最后的欢呼，从那以后，"华丽摇滚"就不再是一种创造性的力量，而是沦为又一种流行的时尚潮流。

《阿拉丁·塞恩》中的歌曲主要是概述鲍伊在美国巡演期间的经历，那里狂热的颓废气氛削弱了他的力量，令他情绪低落。鲍伊："阿拉丁其实就是齐基在美国。我遇到一些

左页图 | 大卫在美国的照片，约摄于1973年2月。

本页左图 | 鲍伊在后台。大卫/齐基在登台前少有的平静时刻。

本页右图 | 一个全套团队正忙着给大卫准备登台的众多演出服。

非常困惑的人，感到非常不安，于是就有了'阿拉丁'。然后我就明白，对于摇滚乐，我没有更多东西要说了。"他还补充说："我不觉得阿拉丁和齐基一样，是一个清晰鲜明的形象。"

第一首歌《看那个男人》（*Watch That Man*）基于优美的老式美国布吉钢琴摇滚连复段，辅以强劲的贝斯和精彩的吉他。歌中大卫讲述"沙基办了一个通宵派对"，所有人都喝了不少"好东西"，派对上有一个"老式乐队"，还有"漂亮的女士们"。

下一首歌《阿拉丁·塞恩（1913-1938-197？）》令人联想起阿拉丁和神灯的形象，这是圣诞童话剧中的固定节目。但是"Aladdin Sane"这个名字其实是由"a lad insane"（发疯的孩子）而来，它充满阴郁的想法，全部是关于宿命和毁灭。加森的钢琴贡献了狂想曲般的和弦与颤音，配合着龙森汹涌起伏的吉他，相比前一首狂欢的歌曲，大卫的声音在这首歌里显得格外清澈。在这首颇为戏剧性的作品里，他探索着自己的音域，齐基的歌迷们无疑会觉得难以接受，但确实营造出一种疯狂的气氛。

《兔下车影院周六》在英国作为单曲推出，但在美国没有上榜，尽管鲍伊觉得这是自己最商业的几首歌之一。他在乐队巡演大巴从西雅图开到菲尼克斯路上写下了这首歌，灵感来自路边看到的一排雷达，它们是用来在核攻击时发出早期警报的。大卫想象未来世界里，核辐射已经令人类变得性无能，于是他们只能在兔下车影院里观看以前的人类做爱的电影。

《底特律恐慌》是他在洛杉矶和伊基·波普一起玩了一夜之后写的，内容是关于都市革命的最终失败，而鲍伊本人也在反拜金主义和变成富人之间挣扎。除了一段坚决的波·迪德雷式节奏，整首歌失去了方向，成为噪音的大合奏。

化妆成齐基·星尘准备登台。皮埃尔·拉·罗驰（Pierre La Roche）是大卫的化妆师。

右页图｜大卫·鲍伊用胳膊夹着《一切都好》唱片。这是鲍伊的前朋克形象，摄影师米克·罗克，1972年于伦敦。

《疯狂演员》是他在洛杉矶比弗利山庄酒店逗留期间写的，他幻想自己未来成了一个中年电影明星，正在度过艰难的时光，到处寻找廉价的性爱。《时间》（*Time*）是20世纪30年代柏林的卡巴莱小酒馆舞曲风格，有一句难忘的歌词："像妓女一样弯曲身体，倒在地上手淫。"每次演出，这首歌总能引起激烈的反应。这首歌唱的是时间造成的破坏，以及它对曾经美丽过的名人所造成的影响。加森与龙森的演奏非常精彩，制造出充满戏剧性、华丽夸张的氛围。

《最漂亮的星星》（*The Prettiest Star*）回到安全地带，有着欢快的拍手节奏。这首歌最早是1970年，鲍伊当时的乐队"炒作"录制的一首单曲，马克·博兰客串弹吉他，不过歌词唱的是安吉拉·巴奈特，并不是博兰。主乐段平平无奇地渐渐消逝了。但是接下来乐队生气勃勃地翻唱了一曲"滚石"的《让我们一起过夜》（*Let's Spend The Night Together*），一下就提升了很多。这首歌录制期间，米克·贾格尔经常和鲍伊在一起玩。歌中鲍伊毫不含糊地唱出那个消息，"我们做爱吧"，一改萦绕在《阿拉丁·塞恩》专辑大多数歌曲里那种隐晦曲折的焦虑气息。

《简·吉尼》是专辑中最出色的几首歌之一，也是鲍伊最走红的金曲之一。简洁的节奏布鲁斯节拍令人回想起鲍伊在"国王蜂"的少年时代，"对话布鲁斯"（talking blues）的演唱风格令他的声音重新变得清澈动听。《简·吉尼》被认为是向伊基·波普致敬，也可能是指臭名昭著的法国作家让·热内（Jean Genet），他的小说《鲜花圣母》（*Our Lady Of The Flowers*）描摹犯罪、性爱与暴力，令整个社会大为震惊。

[1] Wladziu Valentino Liberace，美国钢琴家。——译注

在《灵魂带笑的女士》（*Lady Grinning Soul*）里，迈克·加森贡献了精彩的李伯拉斯（Liberace）[1]式钢琴，大卫的声音庄严地加入，唱出一首华丽浪漫的抒情歌曲，赞美期待已久的性爱欢娱。这首歌极好地展现了大卫唱歌的风格和特质，展现了他惊人的音域，以及对节奏和高音的把握。

鲍伊的下一张专辑《帅哥美女》延续了《让我们一起过夜》奠定的基调，于1973年10月发行。它没有为世界带来另一个齐基式的造物，而是热情赞颂了备受喜爱的60年代英国乐队的那些名曲。专辑发行时，正值社会的进取精神盛行之际，但鲍伊却喊出了"停一停"，于是一夜之间，复古又变成了很酷的事情。他就是靠着翻唱一组精彩的老歌做到了这一点。

鼓手安斯利·邓巴的加入令乐队焕发出新的活力，他在"谁人"的《我无法解释》（*I*

Can't Explain）和《无论如何，不管怎样，任何地方》（Anyway, Anyhow, Anywhere）的翻唱版中有出众表现；在平克·弗洛伊德（Pink Floyd）的经典《看艾米丽玩耍》（See Emily Play）的翻唱版里也很精彩。其他歌曲还包括翻唱"漂亮东西"（The Pretty Things）的《罗莎琳》（Rosalyn）、范·莫里森（Van Morrison）和"他们"（Them）乐队的金曲《夜晚来临》（Here Comes The Night）、"新兵"（The Yardbirds）的《我希望你能够》（I Wish You Would）和《事物的形状》（Shapes of Things）、"莫约"（The Mojos）的《一切都好》（Everything's Alright）、"轻松节拍"（Easybeats）的《周五在我心中》（Friday On My Mind）、"默西"（The Merseys）的《悲伤》、"动物"（The Animals）的金曲《别让我失望》（Don't Bring Me Down）以及"奇想"（The Kinks）的《好时光都去哪儿了》（Where Have All The Good Times Gone）。

《帅哥美女》面世后大受欢迎，径直登上排行榜首位，一周内就卖出了三万张，在排行榜上停留了五个月之久。鲍伊翻唱的弦乐配乐版《悲伤》于1973年10月登上排行榜第三位——1966年，"默西"的原唱也只登上排行榜第四位而已。

《帅哥美女》惹人喜爱的封面是鲍伊和他的超级模特灵魂伴侣特薇姬（Twiggy）一起拍的，两人都穿着紧身衣。这仿佛是在赞颂鲍伊的过去，那个时候，流行音乐还显得更加快乐纯真。他本人描述这张专辑是"一种乐趣。我知道乐队已经走到尽头。这是我同他们最后的告别"。

笼罩在战后一代年轻人头顶的，除了核战争的阴云，还有乔治·奥威尔（George Orwell）1948年的小说《1984》中描写的集权主义的不祥前景。《1984》如今已被誉为最伟大的英语著作之一，它构想出一个一党专制下的英国，极受尊崇的领袖被称为"老大哥"。

在"老大哥"统治之下，电子屏幕网络无所不在，一切思想与行为都受到它的控制与强制，这种双向监视设备遍布街头，也被安装在党员的家中。"老大哥"采用无休无止的政治宣传和残酷的迫害逼迫人们驯服。这个严峻的世界里充满永无休止的战争、"憎恨周"、"双重思想"和"思想警察"。

这本书在公众之中激起了很大反响，被BBC电视台改编为电视剧后更是家喻户晓，它于1954年上映，引起了广泛的忧虑与争议。饰演主角兼受害者温斯顿·史密斯（Winston Smith）的演员彼得·库欣（Peter Cushing）备受赞誉。令人毛骨悚然的"奥威尔式的未来"成为人所共知的短语，很多人都非常害怕当1984年到来时，奥威尔预言的世界便会成真。

这一切都深深地影响了年轻时代的大卫·鲍伊，从那时起，他就酝酿着把这本书改编为一部完整的舞台剧，由他来饰演温斯顿·史密斯。《帅哥美女》大获成功后，他在罗马的一栋别墅里住了一段时间，开始为自己心目中的《1984》写歌。然而他的计划被迫更改——奥威尔的遗孀拒绝授权他把奥威尔的作品改编为音乐剧。

此时他已经写好了一些歌，于是只能创造自己的反乌托邦未来了，他给它起名为"饥饿城"，并让它作为新专辑《钻石狗》（Diamond Dogs）的基础。故事发生在核末日毁灭之后的一片大陆上，比人类低一等的"类人"（Peoploids）在街头徘徊，洗劫商店，身边簇拥着疯狗和变异老鼠。

尽管这张专辑没有连贯性的叙事，但很多歌曲确实是直接指涉奥威尔笔下的世界，诸如《我们死定了》（We Are The Dead）、《1984》、《老大哥》（Big Brother）和《永远旋转的骷髅家庭之歌》（Chant Of The Ever Circling Skeletal Family）。专辑是1974年1月到2月在伦敦和希尔弗瑟姆两地录制的，托尼·维斯康蒂提供了弦乐编配，请来了一队录音乐手，托尼·纽曼和安斯利·邓巴打鼓，赫比·弗劳尔斯弹贝斯，迈克·加森弹键盘。米克·龙森当时正忙着自己的个人演艺事业，所以大卫自己弹了主音吉他。

《钻石狗》（RCA发行公司）于1974年4月24日发行，唱片封套是一张折页大图，由盖伊·皮拉尔特（Guy Peelaert）绘制，把鲍伊画成半人半狗的形象，非常令人不安。最早的

右页图｜1974年2月13日，鲍伊带着一只眼罩在荷兰阿姆斯特丹参加记者招待会。摄影：吉尔斯波特·哈耐克鲁特。继齐基·星尘巡演之后，《钻石狗》巡演即将开始。

大卫·鲍伊与妻子安吉·鲍伊，1973年7月摄于伦敦摄政街"皇家咖啡"外。鲍伊主持一个派对，和朋友们一起度过齐基·星尘的最后时光，后来这场派对被称为"最后的晚餐"。

后页图｜大卫·鲍伊在录音室录制《钻石狗》。看上去比较随意。专辑是在伦敦和希尔弗瑟姆两地录制的。

专辑的标题曲《钻石狗》以跑调的吉他开始，带来一种适宜的颓废之感。这首歌于1974年6月作为单曲发行，在英国登上排行榜第21位。但是专辑里最精彩、最著名的歌曲还要算是《反叛，反叛》，它讲了一个男孩子气的摇滚女孩撕掉自己的裙子，她的脸上"乱七八糟"。客座吉他手艾伦·帕克（Alan Parker）带来了"滚石"风格的精彩吉他连复段。《反叛，反叛》让这张本应很阴郁的专辑变得生动起来，1974年2月登上英国排行榜第五位。

专辑中的《和我一起摇滚》（Rock 'n' Roll With Me），是一首慢歌，有钢琴和风琴，为鲍伊充满忧虑的声音增添一点福音灵魂乐的背景。《我们死定了》是温斯顿·史密斯和恋人被侦查他们的电子屏幕发现时说的话，鲍伊用压抑的真诚吟诵着歌词。《1984》是一首充满弦乐的迪斯科主题曲，暗示着鲍伊未来将向灵魂乐方向发展，1984年，蒂娜·透纳（Tina Turner）在她的专辑《私人舞者》（Private Dancer）中也翻唱了这首歌。《老大哥》唱的是书中的领袖，他领导着"一号机场城"，也就是未来的英国，他的形象在巨幅海报上注视着人们，要求永久的爱与忠诚。这首歌紧跟着《永远旋转的骷髅家庭之歌》，磁带循环播放，为专辑做出总结。

不管《钻石狗》有什么弱点，它令鲍伊保持了大胆的实验者形象，与此同时，他也可以变魔术般地写出上榜金曲。"瘦白公爵"的身影即将显现，并将征服更多领域。

左页图｜化妆师皮埃尔·拉·罗驰帮大卫化妆成"阿拉丁·塞恩"的样子，而不是齐基·星尘。鲍伊的服装是由日本设计师山本宽斋设计的。

本页左图｜大卫·鲍伊与密友卢·里德。两人曾经多次合作。

本页右图｜齐基·星尘与一位火星蜘蛛——1973年，大卫·鲍伊与吉他手米克·龙森在曼彻斯特。

MOVIES & DUETS

DAVID BOWIE

电影与二重唱

自从汤姆少校飘进大卫·鲍伊的生活以来，他便仿佛一直在流行的世界内漂浮无定。60年代末在某些方面对他来说是一段困惑的岁月。然而这并没有阻挠他在艺术中进行实验，不断寻觅新的创意，增进宝贵的体验。

自从开始涉足电影，鲍伊便进入了自己的"瘦白公爵"时期，远离了摇滚，进入迪斯科与灵魂乐的领域。在极大的个人压力之下，他的人格发生了改变，此时的他浑身散发着孤独与疏离的气息。那个曾经很欢快的"伦敦男孩"现在对人冷漠，面无表情，仿佛一个总是愁眉苦脸的哑剧演员。讽刺的是，这种气质被证明完全适合他接下的那些最有挑战性的表演角色。

1975年，他的专辑《年轻的美国人》，标志着他与华丽摇滚的欢娱彻底告别。唱片封面上是一个整洁体面的鲍伊，留着精心修剪的发型，戴着金手镯，穿着干净漂亮的格子衬衫。这张照片是埃里克·史蒂芬·雅克布斯（Eric Stephen Jacobs）为专辑封面特意拍下的，既捕捉了他当时的情绪，也彻底宣告了齐基与阿拉丁·塞恩的死亡。

这是大卫人生中最关键的转折点之一，他生活中若干重要的关系也在这个时期走向了终点，先是与"火星蜘蛛"，然后是和妻子安吉拉、经纪人托尼·德弗里斯及经纪公司"重要人士"。从那以后，他就自己经营自己的事务。他决心加入那些超级巨星的行列，不愿再维系那些可悲的联系。

在《钻石狗》与《年轻的美国人》之间，大卫还推出了双张专辑《大卫现场》，内容是1974年"钻石狗"美国巡演期间在费城演出的录音。

尽管大卫身后有一支娴熟的伴奏乐队，包括大卫·桑伯恩（David Sanborn）吹萨克斯，厄尔·斯里克（Earl Slick）弹吉他，这张现场录音的整体声音还是显得平淡，乐评人说它毫无生气。封面上的鲍伊显得格外瘦削，他身穿蓝色西装，高腰裤子，脸上的表情非常痛苦。鲍伊本人后来评价这组照片让他显得"好像刚从坟墓里出来"。然而，这张专辑意外地造出一首金曲——翻唱埃迪·弗洛伊德（Eddie Floyd）的《敲木头》（Knock On Wood），这是一首灵魂乐经典，大卫的版本格外激动人心，在英国登上排行榜第十位。

其后大卫又有了更多金曲，1975年3月，单曲《年轻的美国人》登上英国排行榜第17位。

前页图 | 1976年，大卫·鲍伊在德国慕尼黑。齐基的华丽摇滚夸张服饰早已被丢在身后，如今"瘦白公爵"来了。

右页图 | 1980年，大卫·鲍伊在百老汇剧《象人》中饰演约瑟夫·莫里克，获得不少评论界的赞誉。

THE ELEPHANT MAN

4月，这首歌在美国登上《公告牌》排行榜第28位，这是他继《太空异事》2月在美国上榜之后，同年第二次有歌曲登上美国排行榜。不过，迷人的《名声》于8月跃居美国排行榜首位，这才是真正值得高兴的成绩。

《名声》标识着一个历史时刻——大卫终于和他在"披头士"中的偶像约翰·列侬合作了，两人合写并且一同演唱了这首歌。约翰还在鲍伊翻唱列侬与麦卡特尼合写的《穿越宇宙》（*Across The Universe*）中演奏。

大卫第一次遇到列侬是1974年夏天在比弗利山庄，伊丽莎白·泰勒（Elizabeth Taylor）主办的派对上。两人言谈甚欢，列侬给鲍伊提了一些生意和经纪方面的建议。1975年，两人又在纽约见面，在电子女士录音室（Electric Lady Studio）和吉米·亨德里克斯以前的录音师埃迪·克拉默（Eddie Kramer）一起录制了《名声》。新专辑的大多数新素材都是在这个录音室里写成的，创作目的当然就是为了吸引年轻的美国听众。

尽管鲍伊本人后来说这张专辑里的音乐是"塑料灵魂乐"，它还是取得了不错的效果，音乐中直接简单的概念帮助他度过了一段充满创伤的艰难时期。

标题曲《年轻的美国人》里有着尖锐的萨克斯、轻快的节奏和迷人的旋律。鲍伊使用一种气喘吁吁、说唱风格的演唱方式，律动则是受纽约与洛杉矶那些夜店与迪斯科舞厅的启发。去迪厅的经历令他意识到，青年文化正在从摇滚乐转向舞曲音乐。大卫："在那些夜店流连的时候，我开始感受到迪斯科的新事物。我只是把握了这种情绪，把我在美国的全部体验都塞进这首歌里。"

《赢》（*Win*）是专辑中一首格外温柔的抒情歌曲，如同海洋一般起伏。歌手希望人们认识到，在鲍伊的表象之下，是一个有血有肉活生生的人。这首歌亦是他最心爱的歌曲之一。下一首《魅力》（*Fascination*）是与唱作人路德·范德罗斯（Luther Vandross）合写的，他后来成了鲍伊的灵魂乐伴唱歌手。卡洛斯·阿洛马尔（Carlos Alomar）在歌中演奏了放克风格的哇音吉他，在性感的伴唱歌手们的帮助下，鲍伊把这首歌的高潮部分唱得格外细腻迷人。

《正确》（*Right*）建立在简单的吉他连复段基础上，和声不住唱着"永远不要回头"。这首歌是在费城录制的，是为了纪念著名的"费城之声"，低声吟唱中充满性感的震颤，具有普遍的魅力。

在《在那边像我这样的人》（*Somebody Up There Likes Me*）里，鲍伊缓慢的拖腔在萨克斯与弦乐的伴奏下格外活泼，警告着个人狂热崇拜的危险性。歌名来自1956年的同名电影，由保罗·纽曼（Paul Newman）主演，萨尔·米涅奥（Sal Mineo）也参加了演出。

在费城录音之后，鲍伊来到了纽约的"录音工厂"（Record Plant）做混音，还在这儿翻唱了《穿越宇宙》，这是"披头士"1970年的专辑《随它去》（*Let It Be*）里的歌。鲍伊

大卫·鲍伊在奇幻电影《魔幻迷宫》（*Labyrinth*）中。影片由《布偶》（*Muppets*）系列的吉姆·汉森（Jim Henson）导演，由《星球大战》的导演乔治·卢卡斯制作，但没有很快走红。

的新朋友约翰·列侬来到录音室，和鲍伊一起演唱。鲍伊的唱腔有些奇怪，像童话剧里的反派一样，在唱到"什么也不能改变我的世界！"那一句时愈发疯狂。

《你能听见我吗》（*Can You Hear Me*）也是在费城录制的，第一句就是悲哀的"当我们还是恋人的时候"，这是带给……诸多恋人中某一位的消息。它是一首慢歌，有弦乐伴奏，大部分段落里，鲍伊都是使用普通的唱腔，但在进入假声音域之前，他突然使用了一种特别的嗓音，有点像巴迪·霍利（Buddy Holly）和朗尼·德尼根（Lonnie Donegan）一起彻夜狂欢。

右页图 | 鲍伊的两种表演：在1996年的《轻狂岁月》（*Basquiat*）里饰演安迪·沃霍尔；1973年与玛丽安娜·费斯弗合唱《我得到了你宝贝》（*I Got You Babe*）。

在这种放纵的唱法之后，《名声》显得格外令人轻松愉快，鲍伊在约翰·列侬与卡洛斯·阿洛马尔的帮助下渐入佳境。它是最后才添加进专辑的，后来成了鲍伊最走红的金曲之一。它来自录音室的一次即兴演奏，大家只是随口唱着"名声！"，这个字眼仿佛是列侬与鲍伊两人生活中共同的咒语，吉他乐段是卡洛斯·阿洛马尔弹的。列侬鼓励鲍伊把这段即兴变成完整的歌曲，还说只要有一段勾人的旋律和可靠的节奏，它就会成为一首金曲。这些元素结合在一起，最后大获成功。

《年轻的美国人》帮助鲍伊最终成功打入美国，而"瘦白公爵"的时代则是由鲍伊的下一张录音室专辑《一站又一站》（*Station To Station*）所定义。它是鲍伊在洛杉矶逗留期间创

109　　　　　　　　　BOWIE

1974年大卫·鲍伊的经典照片，特里·奥尼尔摄。

右页图｜大卫·鲍伊在录音室里唱歌，约摄于1975年。

左页图｜"瘦白公爵" 登台。1976年《一站又一站》巡演中，大卫·鲍伊在温布利帝国体育馆表演。

上图｜1976年，加利福尼亚洛杉矶论坛剧场，大卫·鲍伊与乐队登台，注意吉他手卡洛斯·阿洛马尔（左）。

下图｜（从左至右）罗伯特·弗里普（Robert Fripp）、大卫·鲍伊与布莱恩·伊诺（Brian Eno）在德国柏林的汉莎录音室（Hansa Tonstudio），录制《英雄》。

幻经典。拍完这部片子，鲍伊保持了这种面无表情的外星人形象，甚至继续穿他在影片中穿的衣服，留同样的发型。阿拉丁·塞恩如今被瘦白公爵取代了。

70年代末期，鲍伊保持着极大的工作量，在巡演和发展表演事业的同时，他创作了自己最重要的若干专辑，包括《一站又一站》（1976）、《低》（Low，1977）、《英雄》（1977）和《房客》（Lodger，1979）。

1980年，大卫实现了在百老汇出演严肃舞台剧的抱负。他在纽约的舞台剧《象人》中精彩地呈现了一个颇为困难的角色，为他赢得了不少喝彩与好评。《象人》是根据约翰·莫里克（John Morrick）的真实故事改编的，他于19世纪60年代生于南伦敦，患有严重的畸形和残疾。一个充满爱心的医生从嘉年华的怪人秀上救回了他，最后他凭着自己的聪明才智获得了维多利亚时期社会的接纳。

这个剧本讲述的是莫里克的生平，由伯纳德·博马伦斯（Bernard Pomerance）创作，1977年在伦敦首演。1980年7月，鲍伊在美国版中饰演了莫里克，首演是在丹佛，接下来在芝加哥和纽约演了两季，1981年1月在纽约百老汇做了最后的演出。大卫的演出非常精彩，他没有依赖化妆或假体，而是用哑剧演员的技巧来表现人物的残疾。他扭曲身体的动作是很需要身体技巧的，据报道，彩排的时候，舞台工作人员都忍不住为他鼓掌。能够在纽约的"白色大道"[1]表演，令鲍伊特别骄傲，他说："这是我事业生涯中最大的一项挑战。登上百老汇真是伟大的梦想成真。"

[1] 指百老汇。——译注

剧评家们也高度赞美大卫饰演的"象人"，说他的表现"好得惊人"，说他是"真正的演员，统治了舞台"。

接下来鲍伊又出演了更多的电影，1978年，他在柏林与玛琳·黛德丽（Marlene Dietrich）联袂出演了《舞男》（Just A Gigolo）。1983年又拍摄了《战场上的快乐圣诞》（Merry Christmas Mr. Lawrence），片中鲍伊饰演杰克·"扫射机"·塞利尔斯少校。影片由大岛渚执导，他曾经看过鲍伊演的《象人》，被他迷人的形象深深打动。

右页图 | 摄于1976年，那一年鲍伊发行了《一站又一站》。卡梅隆·克罗（Cameron Crowe）形容他是"聪明保守的演艺者"。

影片是根据劳伦斯·范·德·博斯特（Lawrence van der Post）"二战"期间在日军战俘营的真实经历改编的，参演的还有汤姆·康蒂（Tom Conti）。鲍伊饰演一个士兵，目睹了残忍的暴行，但仍然保持着生机与反叛精神。他觉得自己在此片中的表演是他出演电影以来"最可信的"。

大卫的另一个重要的角色是在奇幻史诗大片《魔幻迷宫》（Labyrinth，1986）中饰演哥布林国王加雷斯（Jareth the Goblin King），影片由后来因执导"布偶"（Muppets）系列出名的吉姆·汉森（Jim Henson）导演，由《星球大战》系列的创始人乔治·卢卡斯担任制作。故事是关于到巨大的迷宫中心解救一个被哥布林国王困住的小孩，有很多角色都是由吉姆·汉森的木偶饰演的。

鲍伊参加了影片的剧本创作和配乐，他希望这部影片能吸引"所有年龄"的孩子。他为这部影片录制了五首歌曲，包括《地下》（Underground）、《魔力之舞》（Magic Dance）、《寒颤》（Chilly Down）、《世界堕落之时》（As The World Falls Down）和《在你内部》（Within You）。

1985年4月，影片在英格兰的埃斯特里影棚开始了复杂的摄制过程，影片预算达到2500万美元，花了5个月才拍摄完成。工作包括搭建一个巨大的舞台，把木偶动作、动画和真人演员表演结合起来。鲍伊承认，和木偶互动是颇为艰难的任务。

1986年12月1日，查尔斯王子和戴安娜王妃参加了《魔幻迷宫》在伦敦的皇家首映礼舞会。尽管鲍伊的明星身份吸引了不少关注，这部野心勃勃的影片在票房方面却遭到惨败，令主创吉姆·汉森大受打击，此后他再也没能执导一部完整长度的影片，直到1990年去世。最后影片终于渐渐流行起来，在热情影迷当中得到了更多认可，还发行了DVD和蓝光版本。

鲍伊在《基督的最后诱惑》（The Last Temptation of Christ）里饰演的本丢·彼拉多（Pontius Pilate）是他最有争议的角色之一，这部虚构宗教电影由马丁·斯科塞斯（Martin Scorsese）执导，在摩洛哥拍摄。此前斯汀（Sting）已经拒绝饰演这个角色。本丢·彼拉多认为耶稣威胁到罗马帝国的权力，于是让这位弥赛亚头戴荆冠，被钉死在十字架上。最后电影受到抗议和抵制，主要是由于它主张耶稣曾经受到诱惑，有了性行为。

右页图 | 1974年"钻石狗"巡演中温文尔雅的大卫·鲍伊。谁能想到这样穿着打扮的人曾经是"齐基"呢？

1987年的大卫·鲍伊与米克·贾格尔，两人看上去都青春快乐。两个南伦敦男孩偶尔会在一起合作。

鲍伊还做了很多配乐工作，其中包括1986年的《初生之犊》（*Absolute Beginners*），影片是根据科林·马克因尼斯（Colin MacInnes）1959年的小说改编的，故事发生在50年代的伦敦。大卫为影片配乐，并创作了同名主题曲，1986年3月作为单曲发行，并收入《初生之犊：电影原声乐》之中。尽管影片没有受到好评，鲍伊的单曲却登上了排行榜第二位。

他还在大卫·林奇（David Lynch）1991年的电影《双峰镇：与火同行》（*Twin Peaks: Fire Walk With Me*）中客串出演角色，1996年的《轻狂岁月》（*Basquiat*）里饰演他过去的偶像安迪·沃霍尔；在2001年的《超级名模》（*Zoolander*）里饰演他自己；在2006年的《致命魔术》（*The Prestige*）里饰演发明家尼古拉斯·特斯拉（Nikolas Tesla）。

1976年1月，鲍伊发行了《一站又一站》，详细阐释了"瘦白公爵"这个形象，这是他的电影人格与音乐抱负的结合。他承认，拍完《天外来客》，他在现实生活中也开始变得像个外星人一样。"我当了六个月的纽顿，"他说。

据报道，住在洛杉矶期间，他沉迷于神秘主义、魔法、宗教与集权主义政治观念。鲍伊似乎失去了对现实的把握，但是他仍然有足够的才华与智慧，不至于彻底垮掉。而且责任也在召唤着他。最终他逃离了洛杉矶，重新在平静的瑞士安顿下来，此外这里征税也比较低。

他先是去了好莱坞的切洛基录音室（Cherokee Studios），和卡洛斯·阿洛马尔、厄尔·斯里克（Earl Slick）这些《年轻的美国人》的乐手们再次合作，再加上来自布鲁斯·斯普林

1977年，大卫·鲍伊与朋友马克·博兰在电视节目"马克"中表演。几星期后，博兰便死于车祸。

斯汀的伴奏乐队"E街乐队"（E Street Band）的键盘手罗伊·比坦（Roy Bittan）。他们把欧洲和美国的风格结合在一起，混合以电子乐和迪斯科风格。标题曲《一站又一站》有着种种惊人的音效，比如蒸汽火车沿铁轨行驶的声音，是用电子乐制作的。键盘、吉他和鼓营造出无休止的节拍。

鲍伊的人声稍后进入，宣告"瘦白公爵回来了，向爱人的眼中投掷长矛……"这首歌的信息或许可以用不同的方式解读。它可能带有宗教涵义，是指耶稣受难所经历的"苦路十四站"（Stations of the Cross），也有可能只是在说他自己横穿美国，之后回到欧洲的旅行。鲍伊从不热衷解释自己的歌词："人们得自己去尽量理解它，看看他们从中拼凑的信息跟我拼凑出的信息是不是一样的。"

右页及后页图｜1976年"一站又一站"巡演中，鲍伊登台演唱。那年他搬到瑞士居住。摄影：约翰·罗兰德斯（John Rowlands）。

神秘的前奏之后，这首歌开始变得急切起来，成为摇滚乐和迪斯科的混合体。四拍子的舞曲顿足节奏支持着吉他乐段。鲍伊的歌词夹杂在音乐之中，几乎听不清楚，只能听清他不断地叫喊着"太晚了"。

《黄金岁月》（Golden Years）是一首为安吉拉·鲍伊而写的情歌，是这张专辑里唯一一首金曲，也是他自《名声》之后的第一首金曲。1975年11月，它打入英国排行榜，最终登上第8位；1976年1月在美国登上排行榜第十位。

BOWIE

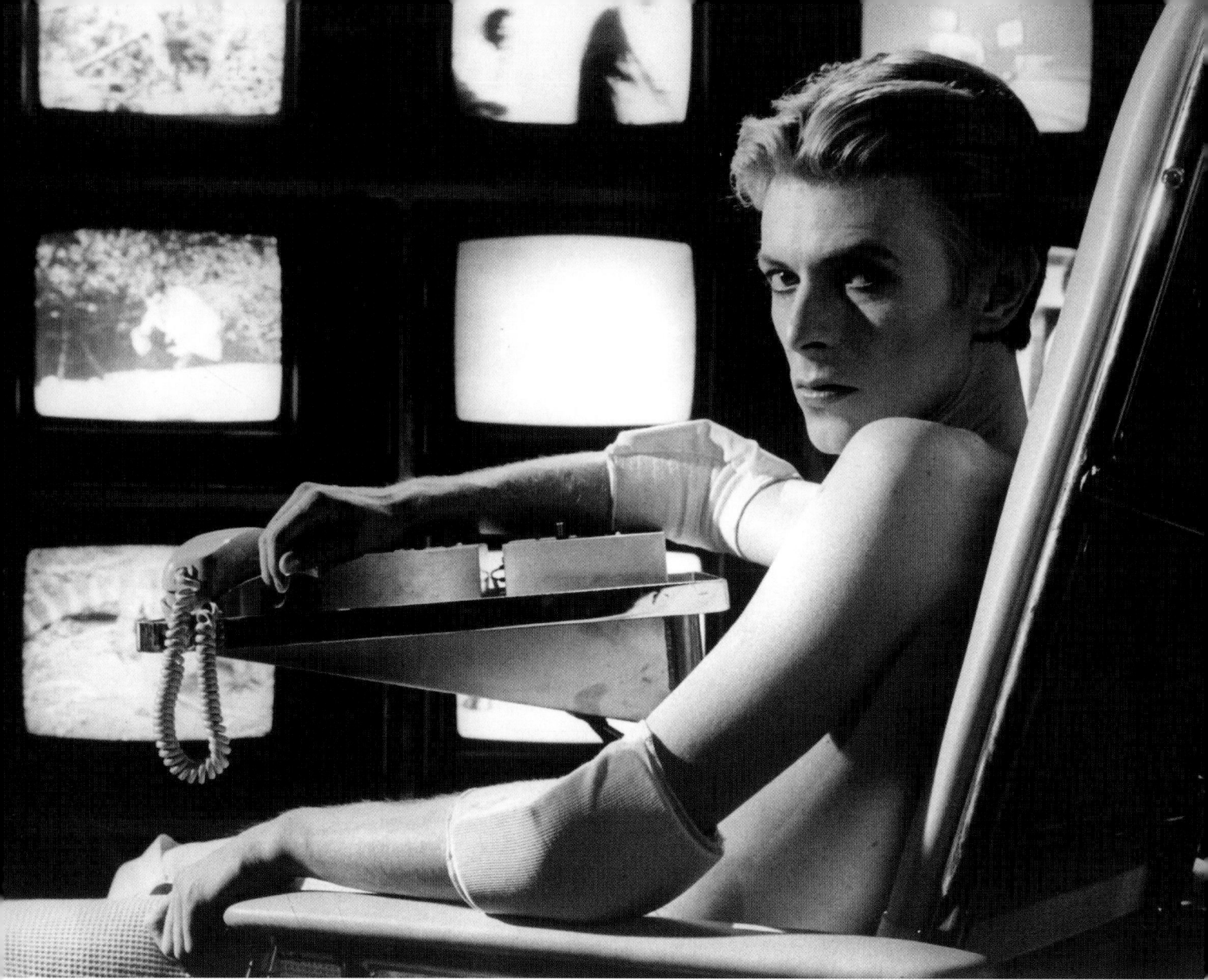

这首歌和《名声》一样，有着迷人的节奏和连复段式回响的人声，有点像史蒂夫·汪德（Stevie Wonder）的《迷信》（Superstition）。有趣的是，这首歌曾被拿给埃尔维斯·普莱斯利（Elvis Presley）演唱，但被他拒绝了。《翅膀上的字》（Word On A Wing）是关于鲍伊对宗教的兴趣，他相信宗教是一种拯救。罗伊·比坦的钢琴推动着他，令他人声中的狂喜登上崭新高度。《TVC15》中，他使用科幻作家威廉·巴勒斯（William Burroughs）用的"切碎"（cut-up）技法，减少文字的力量和字面上的真实情感。歌曲的灵感来自一个幻想：电视机吃掉了他的女友。在音乐方面，这首歌是新奥尔良式布吉钢琴和现代音效的组合，怪异而有趣。

在《停留》（Stay）中，乐队奏出放克节奏，鲍伊让他们即兴演奏了片刻，之后唱起这样一个问题——某人何时想走，或者想留下。间奏中的吉他格外精彩。它被作为单曲发行，但却没有登上排行榜。

专辑中的第六首，也是最后一首歌是《暴风雨》（Wild Is The Wind），这是一首悲伤惨淡的抒情歌曲，由德米特里·迪奥姆金（Dimitri Tiomkin）和奈德·华盛顿（Ned Washington）为1957年的同名电影而创作，影片由安东尼·奎恩（Anthony Quinn）主演，这首歌最早由约翰尼·马西斯（Johnny Mathis）演唱。从听者的不同角度，它可以被解读为温柔感人，也可以被视为焦虑夸张。鲍伊以这首歌向美国，以及这些合作数年的乐手们告别。

但是在这之前，他还得进行"一站又一站"世界巡演，第一站于1976年2月2日在加拿大温哥华拉开帷幕。羽毛和化妆都不见了，鲍伊穿着普通的白衬衫、黑裤子和黑马甲登台，使用最少的舞台道具和乐手。往昔放纵的豪华夸张场面一去不返，如今的鲍伊稳健地掌控着自己的钱袋。3月26日纽约麦迪逊广场花园的演出标志着美国巡演的高潮。

之后大卫坐轮船回到欧洲，在德国举办了数场演出，在柏林期间，他去参观了1945年希特勒自杀身亡的地下室。他还去了苏黎世看自己在瑞士的新家，是安吉拉帮他安排的，他在美国的书籍、衣物、古玩和乐器都已经运送过来。巡演结束后，他和朋友伊基·波普一起去了莫斯科观光购物。

1976年5月，鲍伊回到伦敦，宣传名为ChangesoneBowie（RCA）的精选集，其间他在采访中就法西斯主义发表的评论在媒体上掀起了轩然大波，后来以他否认那番话告终。那个月，他在温布利帝国体育馆（如今的温布利体育馆）演了六场，之后去法国为伊基·波普制作了《白痴》（*The Idiot*），他与波普合写了专辑中的歌曲，并在专辑中吹萨克斯、弹吉他。

大卫在德国安下了据点，在柏林租了公寓，当时的柏林还位于前东德境内，被柏林战争分为两半。他开始与布莱恩·伊诺（Brian Eno）合作，创作自己的第12张专辑《低》（RCA）。它于1977年1月发行，和其后的《英雄》与《房客》一起，构成了鲍伊所谓的"柏林三部曲"。

2月，鲍伊开始在伊基·波普的美国巡演伴奏乐队里弹键盘（巡演将于3月开始）。乐队的成员还包括鼓手亨特·塞尔斯（Hunt Sales）和贝斯手托尼·塞尔斯（Tony Sales），十年后，他们将帮助鲍伊组建"罐头机器"。伊基、鲍伊和乐队于三四月间在美国做了15场演出，之后回到柏林。

1977年对于鲍伊来说是个奇怪的年份，尽管他已经回到欧洲寻找内心的平静与充实的感觉，但是这一年还是充满阴郁和悲剧色彩。他渴望实验，尝试新鲜的音乐环境，所以尝试与他人合唱，最有名的就是和约翰·列侬合唱《名声》。因此，1977年9月9日，他登上马克·博兰在曼彻斯特格林纳达电视台主持的节目"马克"，与这位老朋友合唱一曲，也显得顺利成章。"霸王龙"解散后，博兰靠担任电视名人和主持人复出。"马克"的第六期，也是最后一期节目里，朋克乐队"X一代"（Generation X）与大卫·鲍伊作为嘉宾出场。

当天一大堆音乐记者来到摄影棚，只见现场一片混乱，后台吵吵闹闹，出了不少技术问题。鲍伊愿意在节目中亮相让博兰非常开心，两人打算合唱几首歌。大卫唱了自己的新歌《英雄》后，两人走上一个小舞台，拿起吉他，打算唱一首即兴创作的小曲《站在你身边》（*Standing Next To You*）。鲍伊微微笑着，马克则对这个历史性时刻感到非常兴奋，但是两人一开口唱歌，鲍伊就被漏电的麦克风电到了，博兰绊在麦克风支架上，从台上摔了下去。

因为状况太多，耽误了时间，摄影棚的电工们拒绝加班，晚上7点，鲍伊和博兰刚刚唱完，电工就"拔掉了所有插头"。好在他们的表演已经被录制下来，用作日后的播放。之后鲍伊坐火车回了伦敦，又坐飞机回到柏林。然而就在一周之后，也就是1977年9月16日，马克·博兰，"霸王龙"的主唱与华丽摇滚的奠基人之一因车祸不幸去世了。那天晚上他在"轻松交谈"俱乐部和莫顿餐厅度过，凌晨时分坐着一辆紫色的Mini车回家，

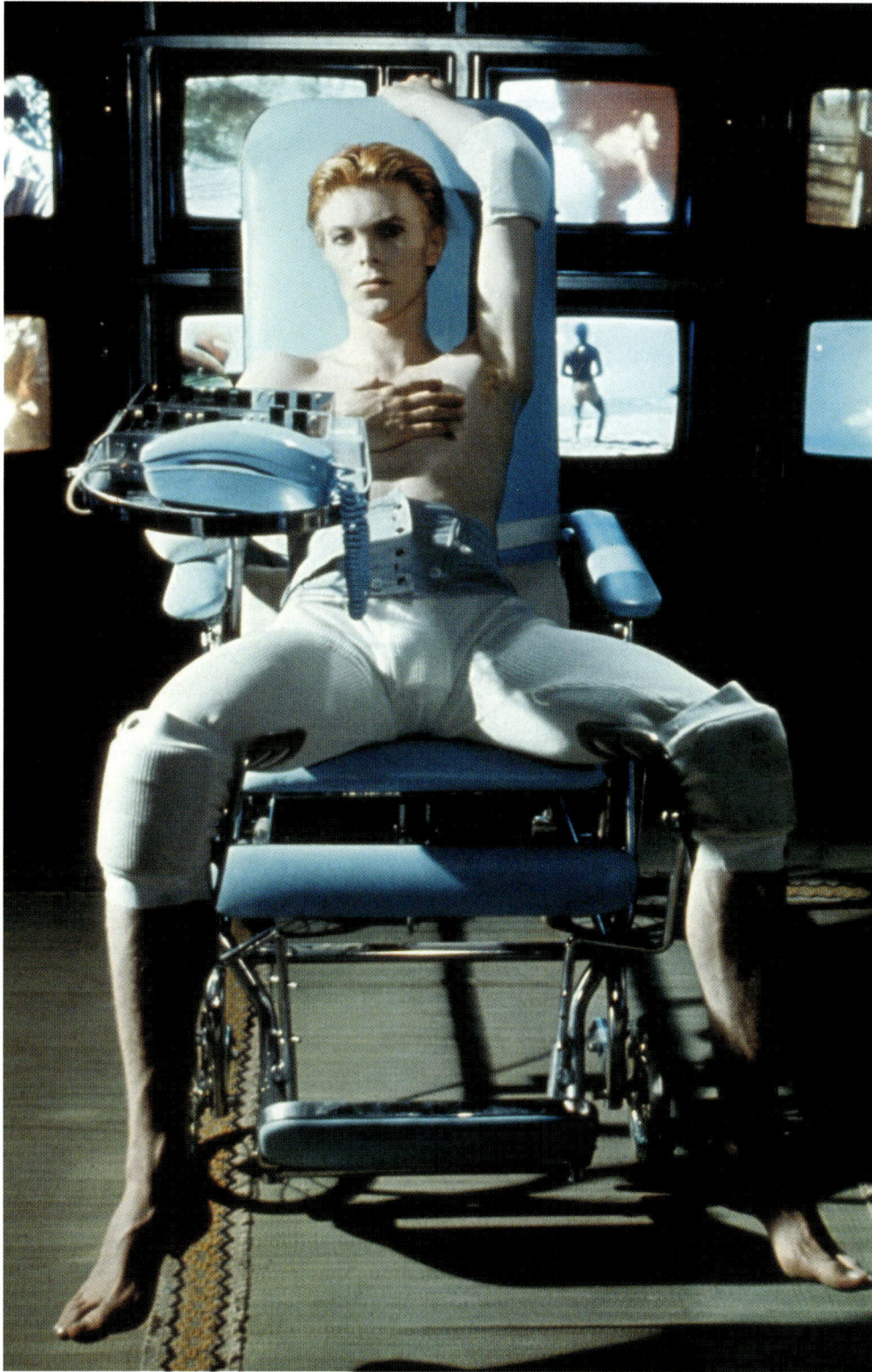

开车的是他的伴侣格劳丽亚·琼斯（Gloria Jones）。上午五点，车子在巴恩斯公地的拐弯处撞上了一棵树。格劳丽亚重伤，马克当场身亡。四天后，即9月20日，他的葬礼在古尔德斯·格林火葬场举行。

这个消息令大卫悲痛欲绝。他和博兰已经一起录制了一些小样，还聊过未来的合作计划。他从瑞士飞回英国参加博兰的葬礼，并为博兰的儿子罗兰（Rolan）设立了一笔信托基金。哀悼老友之时，鲍伊感到深深的悲痛。

奇怪的是，这段时间鲍伊又接下了另一个合作的邀请，与平·克劳斯比（Bing Crosby）合唱一曲，这位艺术家同伊基·波普和伊诺这些鲍伊平时的合作伙伴简直差别太大了。

克劳斯比是美国备受尊敬的吟唱歌手与影星，他当时正在英国巡演，在伦敦的帕拉丁剧院演了一场，这次巡演标志着他从半退休状态中复出。他曾经出演过电影《上流社会》（High Society），和鲍勃·霍普（Bob Hope）合作拍摄过不少受人喜爱的公路片，是世界上唱片最畅销的歌手之一，他的《白色圣诞》一曲一直长盛不衰。

为庆祝克劳斯比从艺50周年，有人建议，9月11日，克劳斯比在伦敦一家摄影棚录制"圣诞快乐"（Merrie Olde Christmas）这档电视节目期间，可以同鲍伊合唱一首《小鼓手》（The Little Drummer Boy）。

拍摄当天，两人穿着一模一样的运动上衣，克劳斯比称赞他的年轻搭档歌喉美妙，甚至还打听了鲍伊家里的电话号码。但两人此后再也未能相遇。一个月之后，即1977年10月14日，克劳斯比在西班牙打高尔夫球时因心脏病突发逝世，享年74岁。两人出演的电视节目于其后播出，但是两人合唱的这首《世界平安，小鼓手》（Peace On Earth, Little Drummer Boy）又过了五年才成为金曲——1982年，它登上了英国排行榜第三位。

1981年，鲍伊加入了弗莱迪·莫库里（Freddie Mercury）与"皇后"（Queen）乐队，录制他们那首激烈欢快的《压力之下》（Under Pressure）。这首歌是大卫来到瑞士的"山脉"录音室（Mountain Studio），和乐队一起写的，当时"皇后"正在那里录制鼓手罗杰·泰勒（Roger Taylor）写的歌《感受它》（Feel It）。鲍伊本来是受邀来为另一首名叫《酷猫》（Cool Cat）的歌唱和声的。后来乐队开始即兴演奏，简单的钢琴、打响指、拍手、约翰·狄肯（John Deacon）弹出一段充满悬念感的贝斯线，鲍伊和弗莱迪·莫库里开始唱歌，《压力之下》就这样诞生了。它作为单曲发行，1981年11月登上英国排行榜首位，被收入"皇后"1981年的专辑《狂热空间》（*Hot Space*）。

还有另一桩在音乐上很般配的合作——他和同时代的摇滚之神米克·贾格尔一起翻唱了一个欢快版本的《街头起舞》（*Dancing In the Street*），这原本是"玛莎与范德拉斯"（Martha & The Vandellas）的古老金曲。鲍伊和贾格尔为它拍了一个有趣的录像，两人带来了活力十足的表演，它在电视上一再播放，后来还在1985年7月，温布利球场举办的历史性的"Live Aid"慈善演唱会上播放。这首歌成了头名金曲，极为流行，收益全部捐献给Live Aid。

几年后的1992年4月20日，鲍伊将会在伦敦温布利球场的"艾滋防治：弗莱迪·莫库里纪念演唱会"上演出，纪念这位同时代的摇滚英雄。弗莱迪是"皇后"乐队的主唱，也是写歌的天才，于1991年11月24日去世。"皇后"的其余成员——布莱恩·梅（Brian May）、罗杰·泰勒与约翰·狄肯——与经纪人吉姆·比奇（Jim Beach）一起筹办了这场众星云集的纪念演唱会，参演的明星们都喜爱弗莱迪和"皇后"的音乐，或者受过他们的影响。

演唱会的票在三小时内销售一空，能够容纳72000人的球场座无虚席，"金属"（Metallica）、"极端"（Extreme）、"戴夫·雷帕德"（Def Leppard）和"枪与玫瑰"（Guns N' Roses）带来了演出。演出的下半段，"皇后"和埃尔顿·约翰、罗杰·达特里（Roger Daltrey）、罗伯特·普朗特（Robert Plant）、大卫·鲍伊、米克·龙森、乔治·迈克尔（George Michael）和安妮·莱诺克斯（Annie Lennox）合作献上歌曲。

当天鲍伊身穿一件亮绿色西装，一头短发修剪得整整齐齐，与安妮·莱诺克斯和"皇后"合唱起《压力之下》，看上去轻松自信。后来鲍伊、伊恩·亨特（Ian Hunter）、米克·龙森、乔伊·艾略特（Joe Elliott）和菲尔·科伦（Phil Collen）合演了《所有年轻人》。鲍伊和齐基时代的老伙伴龙森再度合作，与"皇后"一起演出了《英雄》，这是非常动人的时刻，因为米克当时已经病了，这是两人最后一次同台演出（1993年4月29日，米克·龙森因肝癌逝世，享年46岁）。

之后鲍伊再度做出了令观众吃惊的举动——也包括全世界在电视机前收看转播的10亿名观众——他跪倒在地，口念祈祷词，为另一个病入膏肓的朋友祈祷。这似乎是一个太过戏剧化的夸张姿态，但也显得真诚感人。鲍伊仍然拥有那种震撼人心，以及捕捉关键时刻的力量。

右页图｜大卫·鲍伊与"皇后"的主唱弗莱迪·莫库里在1985年伦敦的Live Aid演唱会上交谈，两人都在演唱会上献唱。

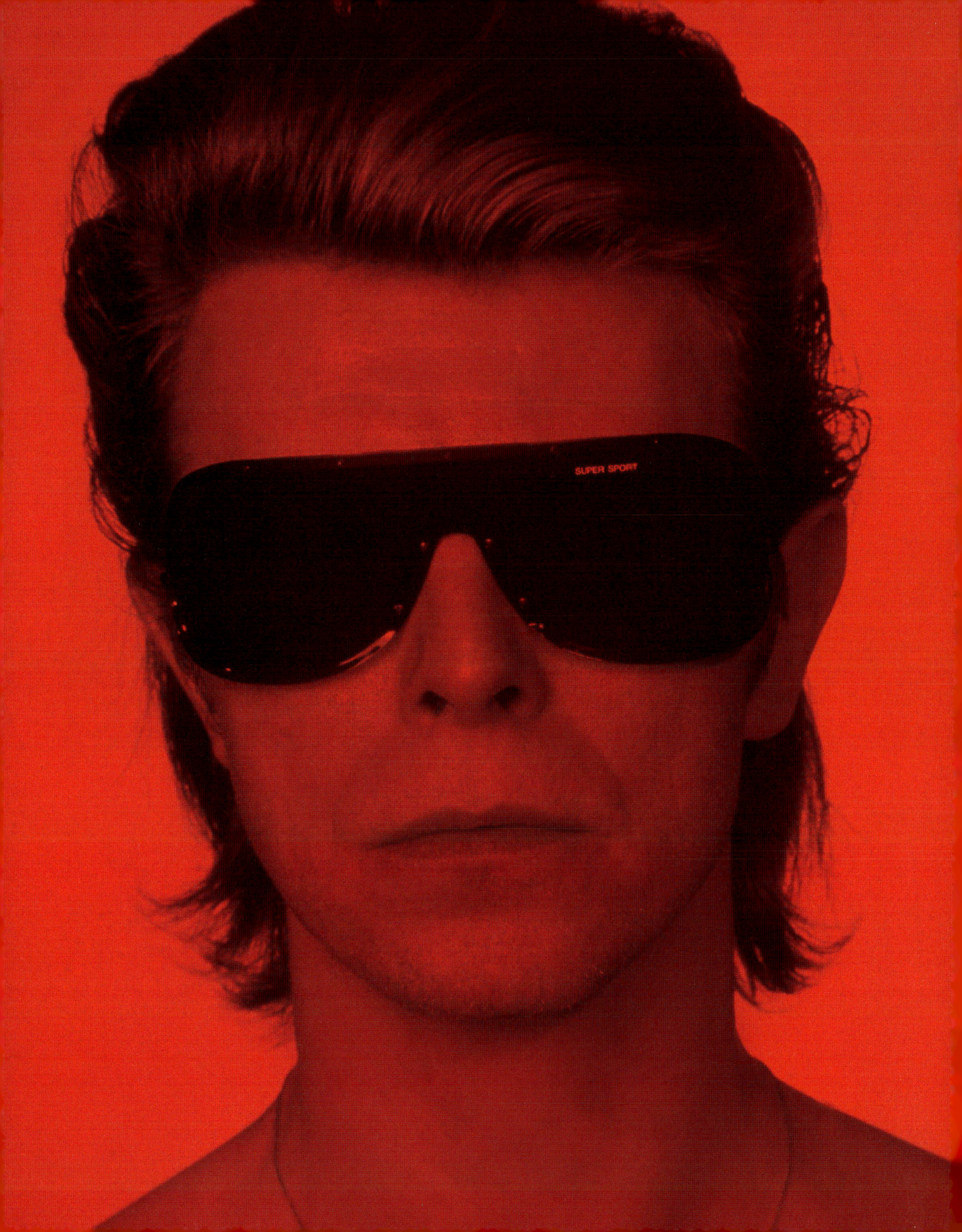

SUPER SPORT

CHANGES

DAVID BOWIE

改 变

《总是撞上同样的车子》（*Always Crashing In The Same Car*）由里奇·加德纳弹主音吉他，鲍伊在其中思考着一种用意良好，总在瞻前顾后，不时发出惊叫的生活。在《低》中，鲍伊在不少歌里都是带着一种奇异的脱离感，以无助的方式去演唱，不过在《做我的妻子》（*Be My Wife*）这首歌里，他的声音要比在专辑的其他歌曲中积极一点："有时你那么孤独，我已经走遍世界，请你做我的……"

《新城市里的新工作》（*A New Career In A New Town*）是第一首歌的翻版，主歌根本没有人声，但它的律动一直延续着，口琴占据了大部分器乐演奏的空间。《低》里有一首歌格外有趣，就是精心打造的*Warszawa*，它是布莱恩·伊诺与鲍伊创作的一首色彩斑斓的小品，部分灵感来自大卫1976年在波兰首都华沙的旅行。他希望捕捉到这个城市的荒凉气氛，"二战"期间纳粹治下华沙犹太人区的惨淡记忆还萦绕在这里。最终他营造出一首萦绕不去的缓慢乐曲，隐约带有一丝宗教感情。

《艺术十年》（*Art Decade*）是另一首多彩的诗篇，一位录音师在其中演奏了大提琴；《哭墙》（*Weeping Wall*）也是一首乐曲，充满奇异的旋律和打击乐效果，是关于那堵沉重的柏林墙，它最终在1989年倒塌了。这些鲍伊-伊诺概念曲目打动了美国极简主义作曲家菲利普·格拉斯（Philip Glass），后来他写下了《低之交响乐》（*Low Symphony*，1992）和《英雄》（1996），后者也是一首交响乐，是根据鲍伊那张突破性的专辑所创作的。

《低》的最后一曲《地下》（*Subterraneans*）是鲍伊本想用来充当《天外来客》原声乐的，它充满哀伤，也是一首器乐为主的曲子，暗示着隔离与身份的丧失，灵感来自困在东柏林的那些年轻人。后半段鲍伊忧伤的萨克斯和散乱的歌唱更加强调出这种情绪。尽管没做多少宣传，也没获得什么热情的乐评，《低》还是成了金唱片，登上英国唱片榜第二位，美国唱片榜第11位。

"柏林三部曲"的第二张专辑《英雄》（RCA）于1977年10月14日发行，标题曲成了鲍伊最著名的金曲之一。它是在柏林的汉莎录音室录制的，十首歌都由托尼·维斯康蒂制作。再一次，这些商业的歌曲走在了时代前列。鲍伊演奏了键盘、吉他、萨克斯和十三弦古筝，其他乐手还包括节奏吉他卡洛斯·阿洛马尔、打击乐手丹尼·戴维斯、贝斯手乔治·穆雷和主音吉他罗伯特·弗里普。

鲍伊承认，《英雄》并不是一张特别快乐的专辑，但是创作过程非常快，录音也只录了两个星期。其中大部分歌曲甚至比《低》当中的歌还要深刻费解，从《V-2施耐德》（*V-2*

Schneider）等歌曲中可以听出受到德国乐队"发电站"（Kraftwerk）的影响。这张专辑有一个极简主义的封套，上面是一张鲍伊的黑白照片，由摄影师锄田正义拍摄，效果惊人。专辑的音乐备受好评，听众们已经准备好，可以去理解他求新求变的决心。一个歌迷说这张专辑是"惊世之作，勇气之作"。

专辑的第一首歌是《美女与野兽》（Beauty And The Beast），鲍伊在其中唱道："你没法拒绝美女与野兽。"这首歌有着军乐般的精准，充满威胁感与侵略性，1978年1月作为单曲发行，不过只登上英国榜的第39位。《狮子乔伊》（Joe The Lion）是一首卡巴莱歌舞风格的声乐表演，仿佛来到他在柏林经常光顾、会见朋友的"乔伊啤酒屋"，注视着面前的一两杯酒，他说过，这个地方是"给那些悲伤、幻灭的人们来买醉的"。这首歌也被认为是在向美国表演艺术家克里斯·伯顿（Chris Burden）致敬。

《英雄》的灵感来源是两个年轻人，他们在柏林墙的阴影之下，一座机枪炮塔旁边谈情说爱。他们在这样一个危险的地方袒露爱意，鲍伊看到了他们勇敢的内心，于是以悲伤的声音为他们唱出这样的歌词："我将是国王，你，你将是王后……我们可以成为英雄，哪怕只有一天。"

这首歌作为单曲发行后，一路英勇地挣扎到英国排行榜第24位，但它的地位和重要性还在持续上升，尤其是1985年，大卫在Live Aid上演唱了它之后。《沉默时代之子》（Sons Of The Silent Age）是唱给那些死气沉沉的城市通勤者们的，他们"表情麻木，没有书"，走在没有目的的无尽路途上，这首歌仿佛是对他们饶有趣味的评论，抑或是想呼唤他们觉醒。鲍伊用歌剧般的热情唱着，好像渴望吸引全世界的关注。《眼前一黑》（Blackout）仿佛是在歇斯底里边缘，大卫回忆在柏林一次崩溃的经历，妻子的来访使他惊恐发作，他闯进医院。"给我找个大夫……给我一点保护！"他乞求道。

《V-2施耐德》是一首充满阴郁色彩的戏剧性作品，受到"发电站"的弗洛里安·施耐德（Florian Schneider）的影响，这支乐队在杜塞尔多夫成立，擅长实验电子音乐，一曲Autobahn先后打入英美两地排行榜，大卫和弗洛里安也交上了朋友。《怀疑的感觉》（Sense Of Doubt）是一首大胆的创作，使用了合成器和阴郁的钢琴，衬托出高墙围困的柏林城中灾难与恐惧的感觉。同样的氛围渗透在《苔藓花园》（Moss Garden）里，这是一首慢速器乐作品，大卫在其中弹了十三弦古筝，这是一种不常见的日本弦乐器。日本的苔藓花园是用来让人平静心情和冥想用的。

右页图 | 1978年的大卫·鲍伊，在这张照片里，可以清晰地看出他两眼颜色不一，这是由一次童年事故导致的。

后页图 | 1996年大卫·鲍伊的"严肃月光"巡演上，大群歌迷欢迎他登场，那次巡演是他最为成功的时刻。

BOWIE

《纽科恩》（NeukÖln）也是一幅音乐画像，这一次描摹的是柏林的土耳其区，鲍伊在这里创作了一系列绘画作品。他的萨克斯营造出一种无助的隔离之感。最后一首歌《阿拉伯人的秘密生活》（The Secret Life Of Arabia）回归富于节奏感的脉动，大卫在歌中唱着穿越沙漠的经历。

《英雄》面世后，12月间，鲍伊开始和玛琳·黛德丽与导演大卫·汉明斯合作拍摄电影《舞男》。他把瑞士的家丢在身后，把柏林当作据地，也去肯尼亚和日本度假。此时的他周游世界，早已不怕坐飞机了。

1978年3月29日，鲍伊开始了新的世界巡演，第一场在圣地亚哥，接下来一共走访了65个城市。北美站以5月7、8、9三天在麦迪逊花园广场的三场演出结束，接下来的是五六月间的欧洲与英国巡演。

6月的英国巡演末期，鲍伊开始同伊诺合作，制作下一张录音室专辑《房客》。1978年9月25日，RCA公司发行了鲍伊的第15张专辑，双张唱片《舞台》（Stage），里面收入了17首歌，从齐基·星尘到《名声》，乃至Warszawa与《英雄》。它们都是托尼·维斯康蒂于四五月的美国巡演期间，在费城、普罗维登斯和波士顿的演唱会上现场录制的。乐队成员包括卡洛斯·阿洛马尔、丹尼斯·戴维斯与乔治·穆雷，还有弗兰克·扎帕（Frank Zappa）以前的吉他手阿德里安·比洛（Adrian Belew）弹主音吉他。乐手们再现了《低》和《英雄》里那些难度很高的歌曲中的电子乐和特效，因此备受赞誉。

11月，鲍伊在澳大利亚演了七场，12月又在日本的大阪和东京演了最后三场。1979年2月，大卫回到伦敦，参加在查尔斯王子影院举办的《舞男》首映式，并为影片宣传而接受广播与电视采访。5月25日，《房客》（RCA）发行，里面收入了六首与布莱恩·伊诺合写的曲子。这一年其余的时间里，大卫在英格兰、瑞士与美国之间旅行，去了肯尼亚度假，没从事多少音乐活动，只是在DJ肯尼·艾弗莱特（Kenny Everett）的除夕夜电视节目里表演了《太空异事》。

《房客》的封套是折叠插页的形式，上面有一张特别的宝丽来照片：鲍伊摊开四肢躺着，鼻子显然因为意外变形了。专辑原来是打算命名为《有计划的意外》（Planned Accidents）。封面设计中还包括一张象征性的明信片，收信人是"RCA唱片的大卫·鲍伊"，暗示着这些歌就像是来自世界各地的明信片。

这是所谓"柏林三部曲"的最后一张，但它其实是1978年巡演的间隙，在瑞士的山脉录音室与纽约的"录音工厂"（Record Plant）录制的。阿德里安·比洛代替了《英雄》中的罗伯特·弗里普弹吉他，提供实验性的弹法，利用每一次不同的录音组成随意的背景音轨。乐手们还被要求演奏自己不熟悉的乐器，这都是鲍伊-伊诺尝试创造新声音、探索各种可能性的方式。

《房客》与前两张专辑都不相同，这一次，鲍伊放弃了专辑的一面是人声演唱、一面是器乐的做法，而是让专辑的两面有两个不同主题，一个是关于世界旅行，另一个是对西方文明的批判。

专辑里没有明显的金曲，尽管《男孩们一直摇摆》（*Boys Keep Swinging*）于1979年4月作为单曲发行，B面歌曲是《绝妙航行》（*Fantastic Voyage*）。和鲍伊的其他专辑相比，《房客》得到的关注比较少，不过现在人们普遍认为它遭到了低估。70年代末期，随着年纪的增长，鲍伊也更加成熟，他的风头日渐被朋克摇滚乐手与新浪漫主义歌手们盖过；鲍伊风格的继承者们也相继涌现出来，比如电子流行歌手加里·纽曼（Gary Numan），他把鲍伊视为教父，而不是和自己同时代的年轻叛逆者。

很长一段时间以来，鲍伊总是那样忧郁内省，这不禁令忠诚歌迷们的耐心也开始受到考验。可能是为了改变这种局面，鲍伊与《肯尼·艾弗莱特录影秀》（*Kenny Everett Video Show*）的导演大卫·玛莱特（David Mallet）拍了三部活泼的音乐录像：《男孩们一直摇摆》、《DJ》和《在愤怒中回望》（*Look Back In Anger*），用来宣传新专辑。

在《男孩们一直摇摆》里，大卫穿了女装，扮演了自己的三个"女性"伴唱歌手。为了出演这些角色，他换了好几套服装和假发，包括波尔卡圆点裙、金线长袍和羊毛开衫。

4月，他在艾弗莱特的电视节目中表演了这首歌，6月，这张专辑登上了英国排行榜第七位。两年来，他一直都在专心做那种极度严肃的音乐，如今却回归了早年那种鲜艳华丽、男女莫辨的风格，多少令人惊讶。这标志着他与伊诺合作的尽头和对柏林的告别。

大卫当时住在纽约一栋阁楼里，已经准备适应美国的生活，逃亡柏林的日子里，他的身体与精神都恢复了健康。人们认为这张专辑名字的灵感来源不是罗曼·波兰斯基（Roman Polanski）的电影《怪房客》（*The Tenant*），就是阿尔弗莱德·希区柯克1926年的经典影片《房客》（*The Lodger*）。鲍伊在专辑中是一个无家可归的游荡者形象，为人生的种种压力所苦。

《房客》算不上非常流行，但还是在英国最终达到排行榜第四位，在美国达到排行榜第20位，鲍伊也花了很多努力在全世界宣传它。第一首歌是分量较轻的《绝妙航行》，大卫在歌中强调，他不想"与某人的抑郁共同生存"，还唱到尊严与忠诚。毫无疑问，这反映了他动荡的生活，甚至也反映了核战争的威胁。"这是一个非常现代的世界，但没有人是完美的，"他清醒地观察到。

《非洲夜航》（African Night Flight）里充满了他和伊诺一起制造出来的丛林噪音，他说，伊诺提供了"蟋蟀的威胁"音效。这首歌是来自他在肯尼亚游猎的经历，外加对W. H. 奥登（W. H. Auden）的诗歌《夜晚邮件》的戏仿，歌曲最后成了一杯让人焦躁的非洲鸡尾酒，混合了歌唱与低吟。在《前进》（Move On）里，大卫仿佛一个旅人，收拾起行囊，在黎明时分登上火车或是出海远行，他坚定地说"我只是一个旅行者"，从非洲去往俄罗斯与塞浦路斯。配器中有一部分是鲍伊倒放自己的旧录音带，再加上与托尼·维斯康蒂一起唱的和声。《前进》令鲍伊兴奋。在之前两张"低落"的专辑之后，它欢庆一种"上升"情绪的回归。

《长寿》（Yassassin）是对世界音乐的涉猎，歌名"Yassassin"是土耳其语的"长寿"的意思。西蒙·豪斯（Simon House）为它加上了适宜的中东风格小提琴，和着牙买加雷鬼的节奏，鲍伊向全世界宣告，"我不是个喜怒无常的家伙……只是个工作的人，对人们不做评

151

判。"这种处理效果很好。《红帆》（*Red Sail*）是一团没有重点的意向与画面，其中歌唱一条神气活现的英国商船驶向中国海的景象。鲍伊说它是"文化之间的互相指涉"。

DJ 是大卫、伊诺与阿洛马尔通力合作的摇滚歌曲，比前一首歌要来得成功。鲍伊在开头的一连串歌词里有这么一句引人瞩目的"我回家了，没了工作，病得厉害。你觉得这没什么"。当时的音乐界日益受到迪厅和夜店常客们的品味和需求所主导，DJ们的势力也愈来愈强大，这便是一首唱给DJ们的赞歌。这首歌作为单曲发行，但是止步于英国榜第29位。

《在愤怒中回望》本来是这张专辑的标题曲，是一首快节奏的摇滚歌，听上去有点像"齐柏林飞艇"的《移民之歌》（*Immigrant Song*）和《阿喀琉斯的最后一战》（*Achilles Last Stand*）之类歌曲。歌词是关于死亡天使，歌名则来自约翰·奥斯本(John Osborne)1956年的戏剧。

《男孩们一直摇摆》回归了更加单纯的时代里的流行乐，一直有着快乐的节拍。为了重现音乐上的天真之感，这首歌是由卡洛斯·阿洛马尔打鼓，丹尼斯·戴维斯弹贝斯，他们像个刚发现摇滚乐的车库乐队一样演奏。

1995年7月，大卫·鲍伊在伦敦温布利球场饥饿救援的Live Aid演唱会上演出。

右页图｜大卫·鲍伊穿着鲜艳的套装，染着头发，风度翩翩一如既往，摄于1983年"严肃的月光"巡演。

《重复》（Repetition）唱的是"打老婆"这个主题，来自鲍伊在美国报纸上读来的故事。其中一则讲的是一个男人工作回家，妻子端上的晚餐总是凉的，于是就打她。"你不会做饭，我工作还有什么用？"挽歌般的节奏之下，鲍伊冷冷地唱出这冷酷的信息。

最后一首《红钱》（Red Money）中，罗杰·鲍威尔（Roger Powell）使用了大量合成器，他是应伊诺的邀请加入到录音团队里来的。鲍伊说这首歌是关于责任，以及被迫学习应付极度复杂的金钱交易。

刚刚进入80年代，鲍伊便开始在纽约的发电站录音室（Power Station）录制《可怕怪兽（与超级变态）》[Scary Monsters (And Super Creeps)，RCA]。1980年2月，他和安吉拉最终离婚，鲍伊得到了两人的儿子邓肯的监护权。为了在音乐方面保持高调的形象，本月他发行了单曲《阿拉巴马之歌》（Alabama Song），辅以《太空异事》的原声版。同时他还在继续旅行，到日本去拍电视宣传片，到柏林去给伊基·波普的演出弹键盘。

5月，他完成了《可怕怪兽》，7月在丹佛首次上演了《象人》。新专辑于9月12日发行，也是他在RCA推出的最后一张专辑。这一年因为12月约翰·列侬的身亡而变得黯淡无光。完成了在纽约的舞台剧表演之后，大卫回到瑞士的家中，过着离群索居的生活。

《可怕怪兽》是一张愤怒而强悍的作品，鲍伊在其中释放出了内心的怪兽。这种情绪从第一首曲子《这不是游戏（第一部分）》[It's No Game(Part 1)]就开始了。鲍伊在里面原始的尖叫有点像列侬，带来悬而未决之感，还有一个带点男人气的女孩用日语唱出妄想症般的歌词，让整首歌更加暴力和紧张。

《倒退爬山》（Up The Hill Backwards）里的原声吉他是维斯康蒂弹的，讲的是想过普通生活的人们却看到了很多灾难的画面。快速而神经质的《可怕怪兽》唱的是亲密关系，以及一个长着蓝眼睛，有着危险念头的"可怕"女孩，她可以轻易成为杀手。鲍伊暂时恢复了他最动听的南伦敦流氓口音，纽约人听来确实有点可怕。

《尘归尘》（Ashes To Ashes）是这张专辑里最迷人的歌曲，也成了几年来他最流行的金曲，最终于1980年8月登上英国排行榜第一位。它结合了新浪漫主义与80年代初由"人类联盟"（Human League）等乐队带来的科技舞曲流行乐（Techno Pop）风格。

有趣的是，鲍伊重新推出了《太空异事》里的人物，他在歌词中唱道："我们知道汤姆

大卫·鲍伊1983年的欢乐一刻，就在这一年他进行了"严肃的月光"巡演。

右页图｜1978年的大卫·鲍伊。在美国圣地亚哥的体育剧场演出。

少校是毒鬼。"专辑的宣传录像由大卫·玛莱特（David Mallet）导演，片中大卫被塑造为一个超现实的形象，他身穿长袍，面色苍白，戴着尖顶帽，在一片黑色海洋的岸边被推土机追逐，全身沐浴着红光。

《时尚》是对迪斯科舞曲狂热和文化法西斯主义威胁的戏弄。它有一段扭曲的吉他独奏，也有大卫怪异的宣言："我们是暴力团，我们来了。"和《可怕怪兽》相比，这里的鲍伊更有流行意识，但值得称颂的是，他仍然保持着实验精神，有着不少颇为怪异的点子。大卫在一家舞蹈工作室与纽约街头为《时尚》拍了一部精彩的音乐录像，这首歌也成了金曲，在英国榜登上第五位。

《少年的狂野生活》（*Teenager Wildlife*）里，大卫谨慎地唱道，"明天只承诺更艰难的事情，你怎能只想要明天"。 如今，许多人将他视为一个还想胡闹一下的过气青少年流行歌星，这首歌是他对这种身份的痛苦审视。《像婴儿一样尖叫》（*Scream Like A Baby*）超现实地混合了各种影响，与其说悦耳动听，不如说是令人不安，而《王国降临》（*Kingdom Come*）则是翻唱了美国乐队"电视"（Television）主唱汤姆·魏尔伦（Tom Verlaine）的歌。

左页图｜1978年6月，鲍伊在纽卡斯尔城市礼堂演出，发生在当年3月开始的"低/英雄"巡演期间。

1976年，大卫在巴黎的Pavillion演出，这是一个带有工业风格的场馆，很符合鲍伊当时的音乐风格。

鲍伊在柏林。这张坐在床上的照片是摄影师丹尼斯·奥莱根（Denis O'Regan）于1983年拍摄的，不过鲍伊经典的"柏林"时代是在1976—1979年。

右页图｜1987年，大卫·鲍伊在柏林墙下。这座城市在鲍伊人生中扮演着重要角色，反之亦然。

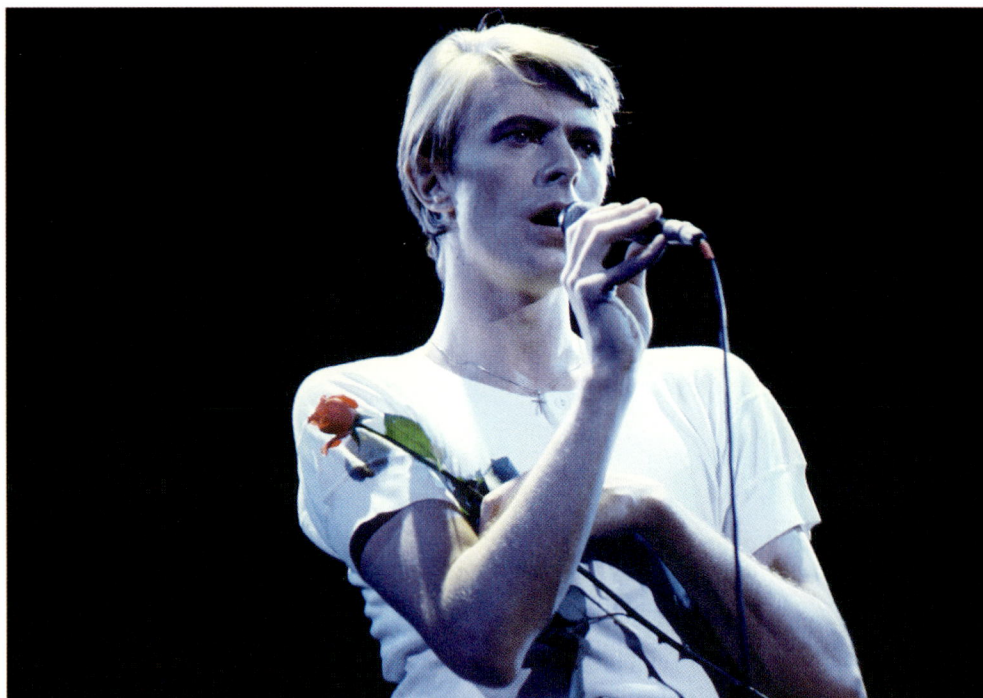

专辑的倒数第二首歌《因为你年轻》（*Because You're Young*）比较平庸，但把漫长专辑的整体情绪带回到流行乐与摇滚乐之中。《可怕怪兽》的最后一首歌重新唱了《这不是游戏（第二部分）》，这一次是用英语而不是用日语唱的。里面有这样一句惊悚的歌词："把子弹打进我的脑子，造出所有文件，这不是游戏。"

约翰·列侬去世后的两年里，鲍伊大部分时间都在瑞士度过，对媒体保持低调，但仍然参与表演和音乐活动，最主要的就是1981年和"皇后"录制《压力之下》，那是一次愉快的合作。然而鲍伊也的确面临真正的压力，1982年6月，他的异父哥哥特里·伯恩斯试图自杀，大卫赶到医院去看望他。1984年12月，伯恩斯在南伦敦再度试图卧轨自杀，只是受了伤。两周后，他在同一个地点再度卧轨，这一次被火车撞死。悲伤的大卫从瑞士家中向伯恩斯的葬礼送了花束。

1982年一整年，大卫忙于拍摄《千年血后》和《战场上的快乐圣诞》，此外还出演了根据贝尔托·布莱希特（Bertholt Brecht）的剧本改编的BBC电视剧《巴尔》（*Baal*）。1983年1月，鲍伊离开RCA公司，与EMI美国签订了新合同，合同规定他在接下来的五年里要出三张专辑。

他在EMI美国发行的第一张专辑是《跳舞吧》（*Let's Dance*），标题曲作为单曲发行，于4月在英美分别登上排行榜首位。这张专辑是由奈尔·罗杰斯（Nile Rodgers）制作的，史蒂夫·雷·沃根（Stevie Ray Vaughan）充当客座吉他手。这是鲍伊到那时为止销量最高的一张专辑。在众多堪称亮点的歌曲里，《摩登之爱》（*Modern Love*）表达了大卫最新的"对上帝的信任"，这首歌作为单曲发行，登上了英国榜第二位。

《中国女孩》（*China Girl*）是鲍伊与伊基·波普的合作，大卫为这首歌拍了一段非常性感的音乐录像，它也成了另一首金曲。

这首歌在美国登上排行榜第十位，在英国登上排行榜第二位，但是这段录像因为"过于性感"被BBC电视台禁掉了。回声不绝的《跳舞吧》有聪明简单的制作效果，其他精彩歌曲包括《猫人（扑灭火）》[*Cat People (Putting Out The Fire)*]，里面有史蒂夫·雷·沃根的吉他；还有《摇它》（*Shake It*）是一首真正的精彩舞曲。

这年5月，鲍伊从比利时开始了"严肃的月光"1983年世界巡演，之后来到英国，于6月在温布利体育馆演了三晚。7月，鲍伊坐着他自己的波音707在整个美国演出，之后又去往新西兰、澳大利亚和日本。

1983年12月，巡演在泰国结束。1984年9月，鲍伊带着一张名叫《今夜》（*Tonight*，EMI America）的录音室专辑归来，其中有两首金曲单曲：《爱上异国人》（*Loving The Alien*），于6月登上英国排行榜第19位；《蓝牛仔裤》（*Blue Jean*）于9月登上排行榜第六位。这张专辑是在加拿大录制完成的，总的来说，鲍伊的歌迷们觉得它令人失望，不过《初生之犊》（*Absolute Beginners*）——它后来被用作大卫主演的同名电影的主题歌——还是于1986年3月登上英国排行榜第二位。

1987年4月，大卫发行了自己的第20张专辑《永远别让我失望》（*Never Let Me Down*，EMI），它是在瑞士的山脉录音室录制的，吉他手是卡洛斯·阿洛马尔和彼得·弗拉普顿。在专辑中比较流行一点的歌当中，《日复一日》（*Day-In Day-Out*）登上了英国排行榜第17位。而在比较实验的几首歌里，《玻璃蜘蛛》（*Glass Spider*）中的叙事更像"腰椎穿刺"而不是齐基·星尘。

伴随这张专辑而来的是"玻璃蜘蛛"世界巡演，这一次舞台动用了大制作，包括一只60英尺高的玻璃纤维蜘蛛。鲍伊本人从一个霓虹灯怪兽嘴里跳出来，他穿着一身红色西装，充满活力地在重金打造、令人眼花缭乱的舞台上蹦蹦跳跳。六个月的巡演途中，舞台上陪伴他的除了吉他手彼得·弗拉普顿，还有六七个乐手和伴舞们。大卫本人说这次巡演"非常艰苦"。在巡演的最后一晚，那只玻璃蜘蛛被象征性地焚毁了，这或许让他松了一口气吧。

一年后，大卫组成了"罐头机器"乐队，这是他自"火星蜘蛛"之后第一次组乐队。或许是对"玻璃蜘蛛"巡演中过度奢华的反拨，他把自己的名声抛在一边，以平等的身份和吉他手里夫斯·加布雷尔斯（Reeves Gabrels）、鼓手亨特·塞尔斯与贝斯手托尼·塞尔斯组成团队。1988年4月，他们在瑞士录制了《罐头机器》。专辑于1989年5月发行，在英国登上排行榜第三位，在美国尽管遭遇一些差评，还是登上排行榜第28位。

乐队于那年的6月14日在纽约首次演出，鲍伊坚持说，他自己也是乐队的一名乐手，而不是什么明星。从"玻璃蜘蛛"到"罐头机器"，鲍伊又向前迈出了重大的一步，90年代还在前面等待，有更多山脉等待他去攀登，有更多成就有待他去完成。

右页图｜大卫在美国伊利诺斯州芝加哥的舞台上，摄于1983年8月，这是"严肃的月光"巡演的高潮时刻。

BOWIE

STILL
A STARMAN

DAVID BOWIE

依然是星星人

7月，乐队在澳大利亚花了几个星期的时间排练和录音，之后在8月发行了单曲《罐头机器》，B面歌曲是《麦琪的农场》（*Maggie's Farm*）。10月，他们又发行了单曲《爱的囚徒》（*Prisoner Of Love*），B面是现场版的《宝贝不跳舞》（*Baby Can't Dance*）。之后乐队从澳大利亚赶到纽约，进行更多录音工作。

"罐头机器"努力地巩固自己的地位，试图向唱片公司证明自己的价值，与此同时，没有人忘记鲍伊仍然是一位超级巨星。截止到90年代初，他制造新闻、创作音乐、推出金曲唱片，已经有25年之久，如今该是颂扬成就的时候了。

1990年1月，Rykodisc公司发布了名为《声音+形象》（*Sound + Vision*）的鲍伊作品合集，是在他之前的18张专辑的基础上编辑而成，有黑胶、CD和卡带三种形式，并且加入了若干特别收录歌曲。其中CD版是用特别的木头盒子装着的，里面甚至还有鲍伊亲笔签名的证书。尽管Rykodisc是加拿大厂牌，这套专辑是在北美发行的，但还是出口到了英国。为推广这套合集，大卫宣布，他将进行为期六个月的世界巡演，访问15个国家，举行100多场演唱会，并且"最后一次"演唱他那些最走红的金曲。这是一次史诗般的旅程，为鲍伊赚了2000万英镑，《声音+形象》合集也因其包装赢得了一个格莱美奖项。

巡演于1990年3月4日始于加拿大的魁北克，8月，鲍伊在英格兰的弥尔顿凯尼斯体育场演了两场。就在这个月，悲剧发生了。1990年8月27日，曾在鲍伊《跳舞吧》专辑里演奏的吉他手兼唱作人史蒂夫·雷·沃根与"双重烦恼"（Double Trouble）乐队在威斯康辛州埃里克·克莱普顿的一场演唱会上演出之后，乘坐的直升机出了事故，在浓雾中撞上了小山，沃根、飞行员与机上其他成员全部罹难。

9月，鲍伊在阿根廷的布宜诺斯艾利斯为10万名观众演出，这是自1982年的马岛战争之后，首次有英国艺人到阿根廷演出。鲍伊这支乐队的下一张专辑，《罐头机器II》于1991年8月推出，鲍伊的摇滚偶像小理查德（Little Richard）参加了他在洛杉矶举办的发布派对。这张专辑是乐队1989年底在澳大利亚录制的，9月2日由伦敦唱片公司（London Records）在英国发行，因为"声音+形象"巡演，以及鲍伊和唱片公司一直以来的意见不一，这张专辑的发行一再延迟。因此，1991年3月，鲍伊离开了EMI，转投Victory公司，这家公司的唱片在英国是由伦敦唱片公司发行的。新专辑最精彩的几首歌包括快节奏的摇滚歌曲《宇宙宝贝》（*Universal Baby*），带有流行色彩的《再见，艾德先生》（*Goodbye Mr. Ed*）以及戏剧性的《为女孩购物》（*Shopping For Girls*）。1991年10月，"罐头机器"做了一次世界巡演，在欧洲演的都是小场馆，11月在英国的八场演出中，有两场是在布里克斯顿（Brixton）演的。1992年2月17日，乐队在东京演了一场，巡演也落下了帷幕。1992年7月17日，乐队发行了第三张专辑《罐头机器现场：唉呀，宝贝》（*Tin Machine Live: Oy Vey, Baby, Victory*），这个名字是拿伊诺为"U2"制作的大热专辑《当心，宝贝》（*Achtung Baby*）开玩笑。它没能打入排行榜，在大卫·鲍伊出品的专辑中颇为罕见。

1992年7月，大卫在洛杉矶谈起"罐头机器"在自己事业面临重大转折的时期对自己有多么重要。被问到乐队巡演六个月来得到的反响，他欢快地答道："绝对非常好。我觉得我们已经有一批听众了。座无虚席的巡演有什么可争辩的？"

但是他也知道媒体对他本人和乐队的批评："我想，像我这样的人发生如此剧烈的改变，会让很多人觉得失望。我知道这一点，因为有人这样指责过我。这也和记忆有关，人们想抓牢过去已知的东西。所有人都有自己最心爱的大卫·鲍伊时期。"

他觉得，对于他和乐队该做什么，人们有着太多先入为主的成见。"除非恶意的媒体评论影响到人们来看演出，我们才会开始担心，不过种情况显然还没发生。这支乐队在所有国家、所有地方的演出票都销售一空，这还需要我说什么吗？对于我们来说，这已经是一大成功了。"

但是也有人觉得组建"罐头机器"这个决定太过莽撞。"是的，我做了最荒唐的事。大多数乐队主唱都想自由发展，做单飞的艺术家。我却做了完全相反的事。这就是我，一个非常成功的单飞艺术家，决定暂时不想单干了。"

"诚实地说，对于我所做的事情，有时我也觉得非常沮丧，我知道，不再唱那些老歌，斩断与过去的联系，这确实是突然而剧烈地改变了我的人生。但这件事对我来说非常重

1997年，大卫·鲍伊在纽约。90年代初，他移居这座城市，此后大部分时间都生活在这里。

右页图｜大卫·鲍伊在瑞典斯德哥尔摩的丽兹剧场登台，摄于1987年3月28日，"玻璃蜘蛛"巡演，这次巡演一直持续到当年年底。

要。我觉得这个决定好极了。我觉得在我这样的年纪，还在做着一些对我自己、对我的创作来说都极为重要的事情。我还能感受到刺激的火花。"

"这不是什么'聊发少年狂'，而是在人生不同的年龄段，去寻找生存的刺激和攻击性。"

当时的鲍伊已经人到中年，仍然像少年偶像一样渴望摇滚。他不觉得这是什么问题。"我已经45岁，离50岁也不远了，但我仍然是个感情丰富，容易激动的人。在我的爱意之中，在我对人生的态度中，以及在我喜欢的音乐里，我都能感受到这一点。我心里仍然有火焰在燃烧。这是一种让火焰保持旺盛的方法。'罐头机器'最重要的一点，就是我们能够毫不妥协地去演奏我们喜欢的东西。这是一个充满创意的氛围，素材有点像我那张《可怕怪兽（与超级变态）》。《唉呀，宝贝》会让那些没有来看演出的人看到，这个乐队的现场到底是什么样子。"

大卫承诺，第三张录音室专辑将在1992年10月发行，他还补充说："这支乐队会维持一段时间。"事实上，"罐头机器"的唱片销量令人失望，第三张录音室专辑也没能做出来。之后乐队就解散了，鲍伊又成了单飞的艺人。

1993年5月5日，鲍伊发行了自1987年的《永远别让我失望》之后的首张个人专辑《黑领带，白噪音》（Arista）。这股最新爆发的创作冲动主要是因为他的个人生活变得快乐了一些。

1990年10月，大卫遇到了国际著名超模伊曼·阿卜杜勒马吉德（Iman Abdulmajid）。她于1955年7月25日出生在索马里的摩加迪沙。她的名字在阿拉伯语中是"信念"的意思。她的父亲是外交官，曾经当过驻沙特阿拉伯大使，她长大后定居美国，开始给《Vogue》杂志当模特。

176

伊曼相貌美丽，精通五种语言，也是演员和成功的商人。她的前夫是美国棒球运动员斯潘塞·海伍德（Spencer Heywood），两人于1987年离婚。鲍伊和当时的女友梅丽莎·赫利（Melissa Hurley）分手后，他和伊曼就成了一对，恋情很快发展起来。1991年10月，两人在巴黎塞纳河一条船中用餐时，大卫向她求婚，伊曼答应了，两人便开始找房子。

1992年，鲍伊在温布利球场的弗莱迪·莫库里纪念演唱会上与安妮·莱诺克斯做了那场著名的二重唱之后没几天，他和伊曼就结婚了。婚礼于1992年4月24日在瑞士洛桑举行。6月6日，他们又在佛罗伦萨的圣詹姆斯主教教堂举办了仪式，出席的嘉宾有小野洋子、"U2"的波诺（Bono）、布莱恩·伊诺、杰里·霍尔（Jerry Hall）、比安卡·贾格尔（Bianca Jagger）、大卫21岁的儿子邓肯·琼斯，以及他78岁的母亲佩吉。仪式之后，这对美丽的新人马上动身去法国度蜜月。大卫终于找到了一生的挚爱，一扫过往人生中不幸的阴霾。

新专辑由奈尔·罗杰斯制作，1983年，他曾在《跳舞吧》专辑中同鲍伊合作。专辑中有一首为伊曼创作的器乐，名为《婚礼》（The Wedding），它混合了英格兰教堂音乐与穆斯林宗教音乐的元素。大卫对记者说："我们结婚时在教堂里演奏了这首歌，不过没有鼓！"《帕拉斯·雅典娜》（Pallas Athena）也是一首器乐，以那位全副武装从朱庇特头脑中跳出来的神祇为名。"我必须自己为婚礼创作音乐，因为我不想让两个家庭中有任何一家觉得不自在。我不能用基督教的圣歌，所以就写了这段音乐，结合了我们对彼此的感情。我试图把我们两人的世界都捕捉进去。"

鲍伊在专辑中也回归人声演唱，这一点颇受欢迎，这些年来，他的嗓音变得有些沙哑，毫无疑问是他在舞台上和那些吵闹的音乐家们合作的结果，当然也来自他长期的吸烟习惯。

这些新歌并没有强调主音吉他，而是加入了莱斯特·鲍伊（Lester Bowie）的小号，大卫本人也更多地在里面演奏了萨克斯。14首歌里最精彩的要算是《他们说跳》（Jump They Say），是关于鲍伊的哥哥特里的生与死，正是他当年影响鲍伊，令他开始对爵士乐和文学感兴趣。这首歌作为单曲发行，成了大卫七年来第一首打入排行榜前十的单曲。

大卫翻唱了"沃尔克兄弟"（Walker Brothers）中的斯科特·恩格尔（Scott Engel，他是鲍伊的歌迷）的歌曲《夜航》（Nite Flights）；还翻唱了"奶油"（Cream）的金曲《我感到自由》（I Feel Free），米克·龙森在其中弹了吉他，这是龙森最后一次在鲍伊的专辑中演奏。两人已经20年没有合作过了。鲍伊说："这些年来我们一直保持联系。我巡演的时候米克有时候会在什么地方出现，当一下嘉宾。"

"我们当时正好同时在一个城市。我请他来合作一首我们都很喜欢的歌，就是'奶油'的《我感到自由》。他出现了，弹了一段惊心动魄的吉他独奏。他真是了不起的男人，了不起的吉他手。"

专辑里的另一个惊喜是鲍伊以充满激情的嗓音翻唱了莫里西（Morrissey）的《我知道有一天这会发生》（ *I Know It's Gonna Happen Someday* ）。鲍伊："我觉得这是莫里西写过的最傻的一首歌，但却很可爱。"大卫听过莫里西的一张专辑，觉得他"戏仿"了鲍伊的某首早期歌曲。"我想，'我可饶不了他'。所以这次我拿来了他的歌，用我的方式唱。感觉真像近亲结婚，因为米克·龙森是莫里西专辑的制作人。"

鲍伊还谈起他和奈尔·罗杰斯的重新合作，"有些人觉得这张专辑可能会是《跳舞吧》的儿子。他们太蠢了，他们太不了解我。很多事情都是巧合。奈尔去纽约看了'罐头机器'的最后一场演出。我们去了奈尔最喜欢的夜店，聊起我们都喜欢舞曲和嘻哈乐。但我喜欢动听强烈的旋律线，所以我说，'我们试着一起做点东西，给这种音乐配上强烈的旋律'。他也厌倦了舞曲里不断重复的歌唱方式，所以我们就决定试试，把一种写歌的方式带回这种音乐。"

标题曲《黑领带白噪音》是在描述1992年由白人警察殴打黑人居民罗德尼·金（Rodney King）一事引发的一系列洛杉矶暴动。鲍伊和伊曼来到洛杉矶当天就目睹了那座城市的动荡。大卫回忆："大团大团黑色浓烟向着天空升起，夜里到处都有火光。有点像监狱暴动，好像什么大监狱里的犯人从牢房里跑出来了。眼前就像战争场面，非常触动人心。"

回顾过去的那些专辑，鲍伊觉得自己在不同专辑中经历了不同的情绪与阶段，比如在《齐基·星尘》里，他需要接受世界的挑战；在《一站又一站》与《低》之间，他经历了抑郁的时期。"这些专辑里有深深的悲伤。它们反映出我那些年里，精神与情绪都非常低落。这张新专辑对一切都是积极热情的。写歌确实是一件发自内心的事。现在上帝是我生活的中心，尽管我并不信仰任何有组织的宗教。我确实强烈地知道，我的生命并不在自己掌握之中，在过去十年里，有某些东西在支持着它。我曾经不得不相信命运掌握在自己手里。现在，我当然知道自己是大错特错了。要嘲笑些什么观念是很容易的，但去相信什么就难得多了。"

这张专辑由Arista唱片公司在英国发行，在美国则由小厂牌Savage发行。《黑领带白噪音》最后登上英国榜第一位，在美国则因为Savage公司突然破产而受挫。

右页图 | 凯特·加纳为美国杂志《Ray Gun》拍摄的大卫·鲍伊肖像，1996年3月1日。

1994年一开始，鲍伊便和布莱恩·伊诺一起来到瑞士录音，这是两人15年来第一次合作，乐手包括里夫斯·加布雷尔斯、迈克·加森、卡洛斯·阿洛马尔、贝斯手埃达尔·奇基尔凯（Erdal Kizilcay）以及鼓手斯特林·坎贝尔（Sterling Campbell）。鲍伊从不会把自己彻底沉浸在音乐之中，大卫，这个文艺复兴式的人现在开始关注绘画和各种艺术了，他购买油画，举办展览。1995年2月，他和伊曼一起去了约翰内斯堡，与纳尔逊·曼德拉（Nelson Mandela）一起为《Vogue》杂志拍照。他还创作了一系列油画，于4月在伦敦梅菲尔的考克街画廊（Cork Street Gallery）举办了自己的第一次个展，名为"新非洲/异教徒与作品1975—1995"（New Afro/Pagan And Work 1975-1995），展品包括他创作的油画、素描和雕塑。

1995年9月，他开始了五年来的第一次世界巡演，是为了宣传他在9月26日由Virgin发行、与伊诺录制的那张新专辑《外部》（Outside）。巡演于9月14日在康涅狄格州的哈特福特开始，美国部分的演出由工业摇滚乐队"九寸钉"（Nine Inch Nails）暖场，这个组合吸引的完全是两种不同的观众。英国的巡演在温布利剧场拉开序幕，于11月14、15和17日演了三场，暖场的是唱作人莫里西。有些听众半途开始离场，觉得鲍伊的新音乐"太费解"。

《外部》是一张概念专辑，亦名《优雅蓝宝贝的仪式艺术谋杀：非线性哥特戏剧超循环》（The Ritual Art-Murder Of Baby Grace Blue: A Non-Linear Gothic Drama Hyper-Cycle），采用了仪式艺术与新异教中的形象。它唱的是一场虚构的谋杀，牺牲者是一个名叫"优雅蓝宝贝"的14岁女孩，在一场所谓包括谋杀与断肢的"艺术罪"地下狂热中受害，内森·阿德勒（Nathan Adler）教授负责调查她的死亡。音乐方面，这张专辑中有不少有争议的歌曲，混合了从先锋爵士到科技舞曲在内的多种风格，特别是那首单调的《心灵肮脏课程》（Hearts Filthy Lesson）。它也是专辑中被作为单曲发行的三首歌之一，它的音乐录像里充满死亡的图像，MTV台认为它过于令人不安，拒绝播放未经剪辑的原始版本。

鲍伊和伊诺原本的宏伟计划是创作一系列专辑，概述20世纪最后五年中的焦虑，他们却没有意识到，21世纪的前五年变得更加沉重。他们本来还想为《外部》推出一张名为《污染》（Contamination）的续作，但最后他们只是把很多个小时的录音素材编纂成《外部》这一张专辑。

不过，鲍伊还是保持着持续不断的产出，1997年2月，他发行了《地球人》（Earthling），这张专辑颇受好评，在英国登上排行榜第六位。1997年1月8日，鲍伊度过了他的50岁生日，开始清醒地尝试去贴近更年轻的观众，也就是那些在他发行第一张专辑之后才出生的孩子们。接下来他发行的三张专辑分别是1999年的《时刻……》（Hours...）、2002年的《异教徒》（*Heathen*）和2003年的《真实》（*Reality*），它们都打入了英国前十名排行榜，并且受到热情的好评。

不管鲍伊何时出现，总会受到热烈欢迎，很多人从小就把他当作最崇拜的流行偶像，这其中就有当时英国工党的领导人托尼·布莱尔，1996年，他在全英音乐奖（Brit Awards）上为大卫颁发了终身成就奖。除此之外，大卫还在不断地接受各种奖项，他击败埃尔维斯·普莱斯利，被美国《娱乐周刊》（*Entertainment Weekly*）誉为史上最佳个人艺术家，并入主摇滚名人堂。他甚至还被加利福尼亚的伯克利音乐学院授予荣誉音乐博士学位，成了"鲍伊博士"，并获得法国政府颁发的"文学与艺术司令勋章"（Commander of Arts and Letters）。2000年，大卫被《GQ》杂志评选为年度时尚男士，音乐媒体亦不断颁给他各种奖项。如果不是他礼貌地拒绝了封爵，他本可以成为"大卫·鲍伊爵士"。

另一桩历史性的盛事发生在2000年10月2日，鲍伊回到伦敦的汉默史密斯剧院，那里是他30年前与"火星蜘蛛"一起演出的地方。台下名流荟萃的观众们欣赏他表演了新专辑《异教徒》里的歌曲和若干经典老歌，演出的高潮是鲍伊再度充满感情地唱起《齐基·星尘》，声音又中有了新的活力，因为他终于决定戒烟了。

2003年10月，为了宣传新专辑《真实》，他再度踏上大型巡演之路。2004年一年，巡演来到英国、美国、加拿大、新西兰、澳大利亚与日本各地。这次演出在经济上与音乐上都非常成功，但事故不断，亦令鲍伊精疲力尽。

6月18日，鲍伊在挪威奥斯陆一场音乐节上演出时，一个兴奋的歌迷把一支棒棒糖扔上舞台，打中了他的眼睛。演出被迫中断。6月23日，在捷克的布拉格演出时，他因病重再次被迫离开舞台。

他努力继续演出，但意外地出现了心脏问题。几日后，在德国谢瑟尔演出时，他感觉更加糟糕，只得在汉堡住院。他被查出动脉栓塞，之后做了血管成形术，以增强心脏附近的血液流动。

欧洲的其余演出被取消了，大卫回到家中康复、静养。疲惫的巡演结束了，尽管不断有谣言说这位60出头的艺术家还要再举办一次告别演唱会。2012年，EMI重新发行了《齐基·星尘与火星蜘蛛》的40周年纪念版。如果全世界的歌迷们仍然渴望一窥大卫·鲍伊的世界，他们要做的就只有再一次聆听和观赏他那些丰富的声音与视觉作品。

后页图｜2002年8月13日《异教徒》巡演，在加利福尼亚州欧文市威瑞森无线剧场的舞台上。

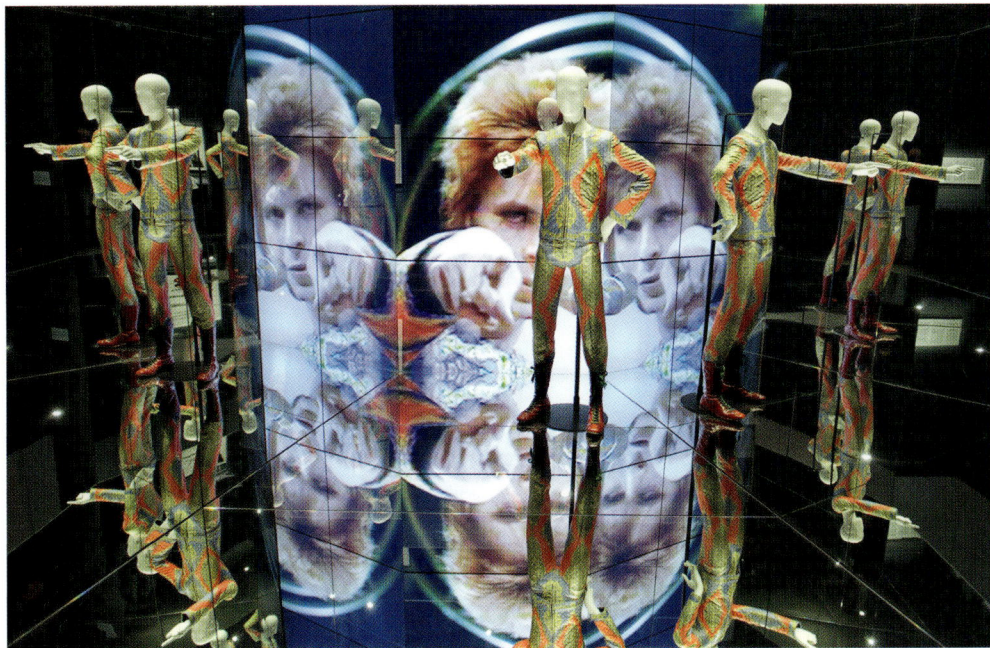

动画片《怪物史莱克2》（*Shrek 2*）的插曲。他还为另一部电影《绝密飞行》（*Stealth*）演唱了插曲《（她能）做这个》[*(She Can) Do That*]。2005年9月，他甚至还在电视节目"时尚也摇滚"（Fashion Rocks）和加拿大乐队"拱廊之火"（Arcade Fire）一起登台演出。在丹麦乐队"克什米尔"（Kashmir）2005年的专辑《没有平衡的宫殿》（*No Balance Palace*）里和老朋友卢·里德重新合作了一下。

2006年，鲍伊被授予格莱美终身成就奖，这表明他即使处于非官方的退休状态，满心感激的音乐工业依然没有忘记他。尽管他坚决地宣布，"我要休息一年，不巡演也不出专辑"，但是那年5月，他还是在一次录播的活动中，在伦敦皇家艾伯特大厅客串登场，与"平克·弗洛伊德"的大卫·吉尔莫（Dave Gilmour）同台演唱。

2006年11月，他还与艾丽西亚·凯斯（Alicia Keys）一起，在纽约的慈善晚宴"黑舞厅"（Black Ball）上献唱。然而，这就是他最后的一次登台表演了。

2010年1月发布了双张现场专辑《"真实"巡演》，内容收录了2003年巡演的素材。然后，在2013年1月8日，他突然宣布发行被谣传了很久的"告别"专辑。这张名为《下一天》（*The Next Day*）的专辑于3月8日发行，是他十年来的第一张录音室作品，再一次令人目瞪口呆。

鲍伊的官网上写着："近年来完全是一片缄默，只有无休无止的猜测、谣言与渴盼。谁敢想会有新专辑呢，真是做梦也不敢想的事情！"的确如此。

《下一天》由鲍伊的老友托尼·维斯康蒂制作，配发了一首名为《现在我们在哪儿》（Where Were We Now）的单曲，精彩的视频由托尼·奥斯勒（Tony Oursler）制作。维斯康蒂充当了鲍伊的发言人角色，宣布鲍伊无意进行巡演，只想专心录专辑。

这首单曲很快蹿升到英国iTunes榜第一位，在美国一进入单曲榜就取得第六名的成绩。第二支音乐录像《（今夜没有）群星》[The Stars (Are Out Tonight)]于二月推出，片中女演员蒂尔达·斯温顿（Tilda Swinton）饰演鲍伊的恋人。

评论界一致为这张专辑所倾倒，《纽约时报》称其为"鲍伊的暮光杰作"，《洛杉矶时报》说它是"惊心动魄，精彩的胜利回归"。他带着新专辑在2013年重返乐坛的举动被誉为"流行乐历史上最耀眼的回归"，伦敦的《每日电讯报》评论家给予这张唱片五星评价，称之为"绝对的奇迹——勇敢、美丽而又费解"。

同年还发生了这样一件事，足以说明鲍伊长期以来启发了一代人的想象，这件事也可以被视为献给他那些幻想形象的终极致敬——加拿大宇航员克里斯·哈德菲尔德（Chris

Hadfield）在外层空间一艘货真价实的太空飞船上，拍了一段他自己演唱大卫1969年的名曲《太空异事》的录像，地球上的人们不禁惊呆了。

他在国际空间站里围绕地球旋转，拍下了自己演唱这首歌时的样子，为这些经过岁月洗礼的歌词赋予新的涵义。

唱到神奇的那句"我以一种奇怪的方式漂浮起来"时，哈德菲尔德带着与鲍伊歌迷和太空摇滚歌手身份相称的庄严，在无重力环境下漂浮起来，手里的木吉他也在船舱里飘荡，绕着他打转。

这是第一支在太空演唱并拍摄的音乐录像，成百上千万的人通过电视和YouTube观看了它。这桩太空盛事标志着鲍伊的国际盛誉又达到了新的高度，特别是想到当年这首歌最早发行的时候（就是尼尔·阿姆斯特朗跨出"人类的一大步"的那一年），还曾经在NASA的圈子里引发过厌恶和猜疑。

残余的敌意依然存在，2013年，他的艺术生涯展在伦敦维多利亚与艾尔伯特博物馆举行，展品中包括他的舞台服装。至少有一位艺术评论家觉得，博物馆不是在办真正的文化活动，而是在做一件哗众取宠的事，旨在增加曝光，吸引年轻观众，而不是严肃的参观者。不管怎样，展出大获成功。这个展览名为"大卫·鲍伊是"，后来开始了世界巡展，先后去了多伦多、芝加哥、巴黎、墨尔本，最后来到荷兰的格罗宁根。

2014年，鲍伊一家人做了一次虽然没那么引人注目，但却非常愉快的旅行，不是去太空，而是去伦敦。这是一趟私下进行的回乡之旅。他们的飞机降落在卢顿机场，他们从那里偷偷溜进英国，媒体根本不知道他们来了。大卫带着当时15岁的女儿亚历克山德拉，还有妻子伊曼一起游览风光，还看了他长大成人的地方。他们先去了伦敦塔，在人群中走动时根本没有引起别人的注意。后来大卫又去了"伦敦眼"，最后司机拉着他游览了布里克斯顿，带他看了斯坦斯菲尔德路上大卫·琼斯出生的那栋房子。

他们还去了布罗姆利的普莱斯托·格罗夫，大卫六岁那年，他们全家搬来这里；然后是贝肯汉姆的福克斯格罗夫路，1969年3月，他曾在这里住过，在镇子中心的"三酒桶"酒吧里演唱的经历也早已传为佳话。伊曼后来回忆说，他们带着亚历克山德拉进了他成长时期住过的房子，拍了一张全家福。

2014年，鲍伊还获得了全英音乐奖（Brit Award）的英国最佳男歌手称号，成了年纪最老的获奖者。凯特·摩斯（Kate Moss）代表他领了奖，还读了他的获奖致辞："我很高兴获得全英音乐奖的最佳男歌手。但我本来不就是吗，凯特？"

11月，一张名为《什么都没改变》（*Nothing Has Changed*）的合集发行了，里面收录了罕见的歌曲及若干较早的素材，不过也有一首新单曲，名叫《苏（或在犯罪的季节）》[*Sue (Or in a Season of Crime)*]。2015年12月，大卫与恩达·沃尔什（Enda Walsh）联合创作的新音乐剧《拉撒路》首演，由纽约戏剧工作室（New York Theatre Workshop）出品。

这部剧的灵感来自1963年的小说《天外来客》，这本小说后来被改编为电影，鲍伊饰演其主人公托马斯·杰里米·纽顿。《拉撒路》里收入了18首鲍伊的新歌，由一支舞台乐队表演，这场扣人心弦的音乐剧的导演是伊沃·范·霍夫（Ivo Van Hove）。

伊沃看到了大卫疾病末期有多么痛苦，而且伤心地看到他在首演时因为精疲力尽而倒下了。他告诉记者："有时候我看着他，就会沉默下去，我看到了眼泪，不是他眼里的泪水——而是深藏在眼睛后面的泪水。他真的很痛苦，因为他不想死……"

鲍伊去世后，由于《黑星》的巨大成功，人们对鲍伊过往的作品也再次产生了兴趣。欣喜若狂的唱片工业宣布鲍伊创造了"排行榜单的历史"——2016年1月，他有14张专辑与九首单曲同时出现在各种官方排行榜上。其中包括《齐基·星尘与火星蜘蛛的崛起和陨落》、《一切都好》和《阿拉丁·塞恩》，表明自从大卫发表第一张专辑40年以来，他的作品依然重要。

其他艺人们纷纷向他表示敬意，米克·贾格尔说他是一种"鼓舞"，"滚石"队友罗尼·伍德说："我们曾经与他一起欢笑，因为大卫非常有幽默感。"

托尼·维斯康蒂评价他的第28张专辑《黑星》是"他给歌迷的告别礼物"，他还说："大卫总是做自己想做的事。他想按自己的方式来做，而且做得最好。他的死亡和他的人生一样，都是一种艺术。尽管我知道会是这样已经有一年的时间，我仍然没有做好准备。他是个非同寻常的人，他身上充满爱与生命力。他会永远和我们在一起的。至于现在，最好还是哭泣。"

PICTURE CREDITS 图片来源

The publishers would like to thank the following sources for their kind permission to reproduce the pictures in this book

Michael Putland, VI. Photoshot/Idols, 003. Photoshot/Retna/King Collection, 004. Barrie Wentze,006-007. Corbis/Steve Schapiro, 010. Rex Features/News Ltd/Newspix, 012. Max Batten, 013. Alamy/Pictorial Press Ltd, 014 & 017. Getty Images/Don Paulsen/Michael Ochs Archives (top), Alamy/Pictorial Press Ltd (bottom), 018. Rex Features/George Harris/Evening News, 020. Rex Features/Dezo Hoffmann, 023. Getty Images/CA/Redferns, 024. Alamy/Pictorial Press Ltd, 027. Alamy/Rolf Adlercreutz, 028. Rex Features/Ray Stevenson, 030 & 031. Photoshot/David Bebbington/Retna Ltd, 032-033. Photoshot/Retna, 034. Alamy/ Pictorial Press Ltd, 037. Rex Features/Dezo Hoffmann, 040. Getty Images/Michael Ochs Archive, 043. Camera Press/Richard Imrie, 044-045. Photoshot/Mick Rock/Retna, 046. Getty Images/ Richard Creamer/Michael Ochs Archive, 047. Getty Images/ Justin de Villeneuve/Hulton Archive, 048. Getty Images/Gijsbert Hanekroot/Redferns, 049. & 050-051. Getty Images/Michael Ochs Archives, 052. Mirrorpix, 053. & 055. Photoshot/Mick Rock/Retna, 057. & 058. Getty Images/Michael Putland, 059. Mirrorpix,060. Getty Images/Charlie Gillett Collection/Redferns, 063. Rex Features/ Chris Foster, 066. Getty Images/Gijsbert Hanekroot/Redferns, 069. Barrie Wentzell, 070-071. Barrie Wentzell, 072. & 073. Corbis/ Michael Ochs Archives, 074-075. Corbis/Neal Preston, 076. Getty Images/Terry O'Neill, 077. Getty Images/Lee Black Childers/ Redferns, 078-079. Getty Images/Gijsbert Hanekroot/Redferns, 080. Getty Images/NBC Universal, 081. Photoshot/Mick Rock/ Retna, 082. Corbis/Hulton-Deutsch Collection, 083. Getty Images/Terry O'Neill (left & right), 084-085. Photoshot/Mick Rock/Retna, 086. Rex Features/R. Bamber, 087. Photoshot/Mick Rock/Retna,

图书在版编目（CIP）数据

大卫·鲍伊 / (英) 克里斯·韦尔奇著；董楠译. -- 南京：南京大学出版社，2017.1
ISBN 978-7-305-17977-8

Ⅰ.①大… Ⅱ.①克… ②董… Ⅲ.①大卫·鲍伊—生平事迹 Ⅳ.①K835.615.76

中国版本图书馆CIP数据核字（2016）第283487号

DAVID BOWIE CHANGES: HIS LIFE IN PICTURES 1947—2016
by Chris Welch
Copyright © 2013 by Carlton Books Limited
Simplified Chinese edition copyright © 2017 by Nanjing University Press
through Big Apple Tuttle-Mori Agency, Labuan, Malaysia
All rights reserved.

江苏省版权局著作权合同登记 图字：10-2016-300号

出版发行　南京大学出版社
社　　　址　南京市汉口路22号　邮 编 210093
网　　　址　http://www.Njupco.com
出 版 人　金鑫荣

书　　　名　大卫·鲍伊
著　　　者　（英）克里斯·韦尔奇
译　　　者　董　楠
责任编辑　沈卫娟
书籍设计　周伟伟
印　　　刷　南京爱德印刷有限公司
开　　　本　889×1194 1/16 印张 12.75 字数 187千
版　　　次　2017年1月第1版 2017年1月第1次印刷
ISBN 978-7-305-17977-8
定　　　价　128.00元
发行热线　025- 83594756
电子邮箱　Press@ NjupCo.com
　　　　　　 Sales@ NjupCo.com（市场部）